独学で歴史家になる方法

礫川全次
Zenji Koishika

日本実業出版社

はじめに

本書は、独学で歴史家になるための「ノウハウ」を説いた本です。読者としては、主として、中高年の皆さんを想定しました。しかし、若い方々に読んでいただきたいとも思っています。若い読者の皆さんも、大いに歓迎します。

冒頭から順に読んでいただこうと思って、執筆・編集しました。ですが、目次をご覧になり、関心を持たれたところから読んでいただいても、まったく差支えありません。

記述は、「読みやすく、わかりやすく」を心がけました。ありふれた励ましや抽象的なアドバイスは避け、なるべく具体的な事例に即して、「ノウハウ」を提供しようと努めました。

入門書ですので、「引用」は、極力、控えるようにしました。とはいえ、やむをえず、やや長目の引用をおこなっているところがあります。あらかじめ、ご承知おきください。

本書では、引用に当たって、原文の句読点、かな遣いを変えませんでした。ただし、旧漢字（正字）は、原則として、新字に直しています。引用者の責任で、ふりがなや〔注〕を施している場合がありますが、その場合は、引用のつど、その旨を明記しています。

縁あって本書を手に取られた皆さんが、ひとつでもふたつでも、ご自身に有益な情報・ヒントなどを、ここから掬《すく》い取っていただければ幸いです。

著者

目次

第1部▼独学者という生き方——今日からあなたも研究者 39

ブックデザイン／臼井新太郎装釘室
ＤＴＰ／一企画

第0部

歴史を独学する
——何よりも自分のために

第1講 誰だって捨てられないものがある

ひところ、「断捨離」という言葉を、よく耳にしました。聞いたところでは、断捨離とは、「物を捨てる」ことではなく、「捨てられるものと捨てられないものを分ける」ことだそうです。

あなたにとって、「捨てられないもの」とは何でしょうか。ある程度、齢《よわい》を重ねてきた人間にとって、これは、深刻な問いです。

捨てられないもの。それは、人によっては「人間関係」かもしれません。人によっては、「趣味」かもしれません。「これまでの人生」かもしれません。「学問的な探究心」、「学問への情熱」かもしれません。あるいは、「リスペクトされたいという気持ち」かもしれません。

小さな「リスペクト」が欲しい

本書執筆中の二〇一八年八月一五日、山口県大島郡周防大島町《すおうおおしまちょう》で、行方不明になっていた二歳の男児が三日ぶりに発見されるという出来事がありました。発見したのは、大分県からやってきたボランティア活動家・尾畠《おばた》春夫さん（一九三九〜）です。

報道によれば、尾畠さんは、六五歳で鮮魚店を閉じ、以後はボランティア活動家として全国各地に赴き、活躍されてきました。尾畠さんがボランティアの道を選んだのは、「残りの人生を、今までお世話になったから、社会に何かお返しさせてもらおう」と思われたからだそうです。

尾畠さんは、「対価、物品、飲食、これは絶対、いただかない」とも話しています。尾畠さんにとっては、ボランティア自体が「お返し」ですから、それに「お返し」を求める必要はないということでしょう。その言動は、まことに首尾一貫しています。

こうした尾畠さんの言葉、姿勢、活動、あるいは生き方は、全国の人々に深い感動を与えました。私は、そうした尾畠さんの姿を拝見し、立派な方だと思うと同時に、幸せな方だと感じました。なぜなら、尾畠さんは、こうした「無私」の活動によって、たくさんの人々の「リスペクト」(respect)＝「尊敬」を集めたからです。

同じ年の八月一六日、「ソウルの女王」と呼ばれたアレサ・フランクリン（Aretha Franklin）さんが亡くなられました。その代表曲に、「リスペクト」があります。八月一九日の朝日新聞「天声人語」は、この歌を、次のように紹介していました。

時代を映し、時代に押し上げられる歌がある。米国の歌手アレサ・フランクリンさんの「リ

スペクト（敬意）」もそうだった。もともとは男性歌手による曲で「ぼくが家に帰ったときには敬意を示してくれ」と女に語りかける内容だった。それをひっくり返し、女性の視点から歌った▼〈あなたが家に帰ったとき、小さなリスペクトが欲しい／リスペクト、それが私にとってどんな意味を持つかにきづいて〉[*1]……

中高年の皆さんが、何か新しいことにトライされる際の動機は、「小さなリスペクトが欲しい」からではないでしょうか。少なくとも私は、そのように理解しています。

会社を退職したあと、趣味で「蕎麦打ち」を始め、家族や友人に振舞う場合もそうです。自伝や自分史を出版し、友人や知人に、自分の意外な側面を知ってもらう場合もそうです。専門誌に専門的な研究を掲載し、友人や知人に、その抜き刷りを送るといった場合もそうです。

「小さなリスペクト」を期待する——結構なことだと思います。そうした動機がなければ、私たちは、努力しませんし、困難を克服することもないでしょう。

そういうわけで本書は、中高年の皆さんが、学問研究など、何か新しいことにトライされる際のキーワードとして、まず、「リスペクト」（respect）＝尊敬を挙げておくことにします。

学問に「リベンジ」しよう

以前、新潮文庫で、松本清張（一九〇九〜一九九二）の『半生の記』（一九七〇）[*2]を読んだことがあります。小学校卒の学歴しかない「私」は、少ない給料で多くの家族を養いながら、職業を転々とします。そうした中でもなお、豊後の磨崖仏や北九州の各地の古墳を訪ね歩いています。これを読んで、私は胸が詰まりました。

松本清張は、のちに推理作家として世に認められるようになりました。[*3]しかし、その後も、古代史への強い関心を抱き続けました。おそらく、そうした関心の背景には、最も向学心が強かった時代に、ほとんど勉強も学問もできなかったという「怨念」があったのでしょう。清張が、本当になりたかったのは、「推理作家」ではなく、「歴史学者」だったのではないかと思えてなりません。つまり、清張の古代史研究は、学問に対するリベンジ

1＊　この「リスペクト」という歌は、歌詞を最後まで読むとわかるように、単に、女が男に「リスペクト」を期待している歌ではない。

2＊　初版は、河出書房新社刊、一九六六年発行。

3＊　松本清張の処女作は、『西郷札』（『週刊朝日別冊』春季増刊号、一九五一年三月）である。これは、『週刊朝日』の「百万人の小説」に応募し、三等に入選したもの。賞金は一〇万円だった。本人は、「生活の苦しさからの逃避のために」書いたと回想しているが（『半生の記』あとがき）、「小さなリスペクト」を、彼が求めていなかったはずはない。

(revenge)*4だったのではないでしょうか。

今日、「小学校卒」という方は、まれだと思います。しかし、「高卒」の方で、本当は、大学に行って学びたかったという方は、かなりいらっしゃるのではないでしょうか。また、大学院に進んで学者になりたかったが、諸般の事情で、やむをえず就職されたという方もいらっしゃるでしょう。学者になるつもりはなかったものの、出来の悪い卒業論文を出してしまったことを、いまだに後悔されている方もおられることでしょう。

そういった方々が、中高年になって学問研究を目指されるとすれば、それは、やはり「リベンジ」と言えるかもしれません。しかし、そんなことを気にされる必要はありません。学問研究は、その「成果」を問うものであって、その「動機」を問うものではないのですから。

私事にわたりますが、私が大学生だった当時は、いわゆる「大学紛争」の時代で、私が大学で授業らしい授業を受けたのは、通算しても二年間ほどだったと記憶します。何とか単位をかき集めて卒業しましたが、今でも私には、「大学で学んだ」という実感がありません。大学卒業後、歴史民俗学に関心を持ったり、今日、「在野史家」を名乗ったりしているのは、ことによると、大学で学べなかったことへのリベンジかもしれません。

というわけで、中高年の皆さんが、学問研究をこころざす場合のキーワードのひとつとして、もうひとつ、リベンジ（revenge）を挙げておきたいと思います。

「お返し」という発想に学ぶ

ボランティア活動家の尾畠春夫さんは、「お返し」という言葉を使っておられました。今までお世話になったことへの「お返し」という意味です。なかなか含蓄のある言葉です。

一方で、これまで社会人、職業人として、長く社会に貢献されてきた皆さんの中には、残りの人生で、今度は「自分」に対し、お返しをしたいと思っている方もいらっしゃることでしょう。私は、こういう考え方も許されるし、むしろ、こういう考え方があってよいと思っています。

こじつけるわけではありませんが、「お返し」に相当する英語は、リペイ（repay）です。中高年の皆さんが、学問研究をこころざす場合のキーワードとして、すでに挙げた、「リスペクト」（respect）、リベンジ（revenge）に加えて、この「お返し」＝リペイ（repay）を挙げることができるでしょう。

この「お返し」（自分への「お返し」）の方法としては、むかしの趣味、スポーツ、習い事を再開する、新たに、趣味、スポーツ、習い事を始める、などがありえます。

4＊　英語のrevengeは、本来、「復讐する」の意味だが、「恨みをはらす」の意味もある。revengeに由来する「リベンジ」という日本語があるが（「リヴェンジ」とは言わない）、「再挑戦」というニュアンスで使われる場合が多いようだ。

知人に聞いた話ですが、会社を退職したあと、趣味で「蕎麦打ち」を始め、ついに店まで出されたという方がいらっしゃいます。この方の場合、趣味で打った蕎麦が、家族や知人に喜ばれることに気づき、ついにお蕎麦屋さんを開くまでになったのです。蕎麦打ちという趣味で、自分に「お返し」をしているうちに、お蕎麦屋さんという形で、社会に「お返し」をすることになったケースと言えるでしょう。

これまで社会に貢献されてきた皆さんの中には、これからは、自分に「お返し」するという意味で、少し「学問研究」にトライしたいという方がおられると思います。結構なことです。ぜひとも、トライしてください。

自分に「お返し」するつもりで始めた学問研究でも、あなたが一定の「成果」を挙げられた場合には、そのことによって、あなたは、社会に「お返し」をする結果になります。自分に「お返し」をすると同時に、社会にも「お返し」をする——そのくらいのこころざしで、学問研究に取り組んでいただきたいものです。

さて、あなたが、すでに定年を迎えておられる場合、思う存分、「時間」が取れていらっしゃることでしょう。本も読めますし、図書館にも通えます。歴史探訪の旅にも出られます。学生時代と違って経済力もあり、人生経験に裏打ちされた「知力」も蓄えています。五〇代、六〇代であれば、まだまだ、体力も残っています。ある意味で、定年後の中高年ほど、「学問研究」に向いている世代はありません。

しかし、定年になって、それから、「学問研究」の準備をするというのでは、時間的なロスは避けられません。できれば、定年になる少し前から、定年後を見すえて準備を始める、あるいは、定年前に、すでに研究の第一歩を踏み出しておかれることを、お勧めしたいと思います。

すでにお気づきの通り、本書は、定年前後の中高年の皆さんに向けて、「残りの人生で、何かにトライする」ことをお勧めする本です。その「何か」として、「独学」をお勧めする本です。「独学」のうちでも、「歴史の独学」をお勧めしようとしている本です。しかし、若い読者の皆さんを排除するつもりは、毛頭ありません。

若い読者の皆さんの場合、経済的余裕や、人生経験という点においては、中高年の方々に及ばないかもしれません。そのかわり、「気力・体力」という点では、中高年の方々をしのぐものがあります。当然ながら、「残りの人生の長さ」という点においても。どうか、若い読者の皆さんも、今から、「歴史の独学」に挑戦していただければと存じます。

第2講 なぜ「歴史」をお勧めするのか

中高年の皆さんが「独学」を目指そうとされる場合、その対象となる分野は、さまざまなものがあります。哲学、宗教、政治、経済、語学、文学、あるいは、数学、物理学、工学、生物学、鉱物学、などなど。

そうしたさまざまな分野の中で、独学の対象として、「歴史」を選ぶことをお勧めしようというのが、この本の趣旨です。その理由を、以下に説明します。

歴史研究に知識・技術は要らない

歴史というのは、誰もが気軽に始められる学問です。これを研究するに当たって、特殊な知識・技術・才能などは必要ありません。

歴史に関する基礎的な知識があれば、もちろん、それに越したことはありません。ですが、たとえ、そうした知識に欠けるところがあったとしても、そんなことは少しも問題になりません。中学生・高校生用の教科書・参考書、一般的な入門書・概説書、歴史年表・歴史地図、あるいは電子辞書などがあれば、十分に補いがつくからです。

やや専門的な知識についても、専門的な辞書、専門書、専門雑誌、インターネット上の記事・論文などを通して、これを入手することができます。

同様に、歴史の研究には、これといった「技術」も必要ありません。ごく普通の日本語が読むことができ、ごく普通の日本語が綴ることができれば、それで十分です。

古文書《こもんじょ》が読める、漢文が白文《はくぶん》で読めるなどの「特技」を持っていますと、たしかに研究の上では有利です。候文《そうろうぶん》が読める、「変体仮名」が読める、草書体が読める、旧漢字が読めるといった能力も、今日では、すでに特技のうちに入るかもしれません。ですが、たとえ、そういった技術を持ち合わせていなかったとしても、支障はありません。

研究の途上で、どうしても読まなければならない古文書などが出てきた場合には、誰か読める人を探して、読んでもらえばよいのです。あるいは、研究の途上で、この手の技術が不足していることを痛感されましたら、それを機会に、その勉強を始めればよいのです。独学者の勉強は、ドロナワ式でよいのです。

不思議なことですが、ある程度、研究を深めていきますと、ある種の技術が身についてくることがあります。私ごとですが、以前、『大津事件と明治天皇』(批評社、一九九八)という本を執筆していたとき、必要に迫られて、関係者がヤリトリしていた手紙に当たっていました(すでに活字化されているものです)。初めのうちは、候文《そうろうぶん》の判読に苦しみましたが、いつの間にか、それが苦もなく読めるようになっていました。これには自分が驚きました

（ただし、毛筆の手紙などは、いまだに読めません）。

歴史の研究の上では、また、「才能」や「センス」といったものも、あまり関係がありません。特に独学者の場合、研究の武器になるのは、「才能」や「センス」ではなく、むしろ、「愚直さ」や「探究心」といったものです。具体的には、「疑問」をそのままにしておかない、探究心を持続する、先入観や定説を疑う、などの心がけです。これらについては、このあと、関係の各講で論じていくことになるでしょう。

テーマは身のまわりに転がっている

独学の対象として、「歴史」という分野をお勧めする理由のひとつに、研究のテーマが「選びやすい」ということがあります。自分のまわりには、そんなテーマはありそうもない、という読者もいらっしゃることでしょう。しかしこれは、「ない」わけではありません。単に「見つからない」、あるいは「思いつかない」だけです。

あなたが、長い間、ひとつの職業に従事されてきた場合、その間の体験、見聞きした出来事、その職業・その業界に関わって生じた変化などをおまとめになれば、それは立派な「歴史研究」になります。

あなたの祖先、親類、縁者、知人に有名な人がおられる場合、有名ではないが特異な経歴の持ち主がおられる場合、あるいは、そうした方が、何か珍しい資料を持っておられるといった場合は、それを研究のキッカケにしたいものです。お話を聞かせていただく、資料を見せていただくなどの形で、接触されてみてはいかがでしょうか。

また、あなたが、何か趣味などをお持ちの場合、その趣味に関して、学問的に追究できるテーマを見つけてみるのもよいでしょう。たとえば、かつて私は、ある流派の古武道を習っていたことがあります。この古武道はきわめて実践的というか実用的で、この古武道のルーツは、ことによると、近世における「捕縛術」だったのではないかと思いつきました。だとすると、その捕縛術を伝承していたのは、どういう職掌の人々だったのかに関心を持ち、少し調べてみたことがあります。[*5]

ちょっとした「出会い」が、その後の長い研究の出発点になったというような話は、いくらでもあります。「厠《かわや》」の研究、「落書き」の研究で知られた李家正文《りのいえまさふみ》（一九〇九～一九九八）という歴史学者がいます。彼が、そうした研究を始めたキッカケは、大学に入ると同時に見た「便所の落書き」だったそうです。

その著書『古代厠攷』（相模書房、一九六一）の「出版の辞」から、少し引いてみます。ルビと〔注〕は、引用者によるものです。

5＊　礫川「捕縛術・部落学・サンショ言葉」（礫川編『身体とアイデンティティ』批評社、二〇〇八）

回想すると、昭和三年〔一九二八〕四月、私は故郷から上京し、國學院大學に入学したが、そのとき不図《ふと》、大学の便所のなかに、多くの先輩が書き遺した壁の戯書を見た。幼い時から落書《らくがき》を止められ、未だ曾《か》つてそのやうな行為を経験したことがなかつた私は、余りの意外に驚いて万感を禁じえなかつた。【中略】
ところで、この落書の被写体である便所に、なぜ落書が多いのか、この疑問は、さらに、便所とは一体なにかといふ命題を私に与へた。

こうして李家は、「厠」の研究、そして「落書き」の研究を開始しました。李家には、多くの著書がありますが、*6 最初に出した本は、『厠（加波夜）考』（六文館）です。一九三二年（昭和七）刊行の本ですが、およそ「厠」についての研究書で、質量ともこの本を上回っているものは、いまだにあらわれていません。ちなみに、李家は、この本を出したとき、まだ國學院大學の学生でした。

このほか、一冊の本との出会い、一本の論文との出会いによって、研究心に目覚めるといったこともあるでしょう。要するに、歴史のテーマなどというのは、どこにでも転がっているということです。テーマがないなどと決めつけず、まずは、自分のまわりを見渡してみてください。

独学者でも学問に貢献できる

独学者の研究が、学問に貢献することは珍しくありません。それは、あらゆる学問分野について言えることですが、とりわけ、「歴史」は、独学者が学問的に貢献しやすい分野だと思います。

歴史というのは、原始の時代から今日まで、長い期間にわたっています。また、全国各地、津々浦々に、固有の歴史が存在しています。その研究テーマは、それこそ無数に存在しており、いまだ、プロの研究者が手をつけていないテーマ、プロの研究者が着目してこなかったテーマも、数多く潜在しています。

敗戦直後の一九四五年（昭和二〇）八月二〇日の深夜、静岡県磐田郡磐田町（現・磐田市）の鮫島海岸に、一機の双発機が不時着しました。「緑十字機[*7]」と呼ばれる二機の海軍

6＊　『降る話』（一誠社、一九三四）、『厠史話』（六興出版社、一九四九）、『らくがき史』（実業之日本社、一九五〇）、『厠風土記』（東和社、一九五三）、『らくがき昭和史』（河出書房、一九五六）、『厠まんだら』（雪華社、一九六二）、『筆談墨史』（朝日新聞社、一九六五）など。

7＊　緑十字機というのは、敗戦直後、河辺《かわべ》虎四郎《とらしろう》陸軍中将らの降伏軍使がマニラまで赴いた際、これを沖縄の伊江島《いえじま》まで運んだ二機の海軍機のことである（伊江島・マニラ間は、米軍機によって往復）。鮫島海岸に不時着したのは、交渉を終えた降伏軍使を乗せ、伊江島から木更津に向かおうとしていた一機であった（残り一機は、伊江島で機体が損傷し、離陸できなかった）。

機のうちの一機でした。磐田市にお住まいの郷土史家・岡部英一さんは、この「緑十字機」について研究を重ねられ、その結果を、『緑十字機の記録』（二〇一五）という本にまとめられました。[*8]

敗戦直後、マニラに向かう降伏軍使を乗せた緑十字機については、不思議なことに、これまで研究らしい研究がありませんでした。緑十字機が、帰路、鮫島海岸に不時着したのは、「ガソリン切れ」という信じがたいトラブルが生じたからですが、ガソリン切れになった理由もまた、これまで、謎のままだったのです。

岡部さんの『緑十字機の記録』は、降伏軍使派遣の経緯や、緑十字機が不時着した時の状況などを史料・証言によって、リアルに再現した研究書で、「ガソリン切れ」が生じた事情についても、妥当な推論をおこなっています。

緑十字機の不時着事件は、地元の郷土史家が着目するテーマであると同時に、日本の命運に関わる重大事件でもありました。これに相当するような歴史上のテーマは、もちろん、緑十字機に限りません。まだまだ、全国各地に潜在しているはずです。

なお、アカデミズムにおける歴史研究には、一定の好み、傾向といったものが存在するようです。別の言い方をすれば、プロの研究者が、好んでは扱わないテーマがあるということです。かつて李家正文が研究した「厠」あるいは「落書き」といったテーマも、そうしたテーマに入ると言えるでしょう。独学者である皆さんには、プロの研究者が好んでは扱わないテーマ、避けているテーマに目を向け、これに取り組まれることをお勧めします。

要するに、独学者が、「歴史」という分野で、未開拓のテーマを探し出し、一定の成果を示すことは難しくはないということです。「学問に近道はないが、裏道はある」という言葉もあります。[*9]

8＊ 当初は自費出版。今日では、静岡新聞社から、その改訂版が出ている（『緑十字機の記録 決死の飛行』二〇一七）。なお、緑十字機事件については、第8講で再度言及する。
9＊ 都立一橋高校名言研究会編著『人間の顔は猿よりこわい』（ＫＫベストセラーズ、一九九六）より。「ブラックバード」さんの名言。

第3講 私が「在野史家」を名乗るまで

中高年の皆さんに向かって、第1講では「今こそ独学をこころざせ」と訴え、第2講では、「歴史は独学に向いている」と申し上げました。しかし、「そんな偉そうなことを言っているオマエは、いったい何者なのだ」、あるいは「オマエに、そんな説教をする資格があるのか」という声が聞こえてきそうです。

そこで、第3講では、私、礫川（コイシカワ）の紹介を兼ねて、これまで関心を抱いてきたテーマ、「モノカキ」になったキッカケ、「在野史家」を名乗ることにした理由などについて、申し上げてみたいと思います。

最初、「サンカ」に関心を持つ

私が最初に、「これはオモシロそうだ」、「これは調べてみたい」と感じたテーマは、「サンカ」でした。サンカとは、一定の住所を持たず、箕作り・箕直し・カワウオ漁などをしながら山中を移動し、ときおり村里にあらわれ、住民たちと交流していた「漂泊の民」のことです。昭和三〇年代までは、たしかに各地で、そうした人々の姿が見られたようです。

柳田《やなぎた》國男、宮本常一《つねいち》、谷川《たにがわ》健一と言えば、いずれも高名な民俗学者ですが、この方々は、申し合わせたように、「サンカ」と呼ばれる民に関心を抱き、それぞれ、サンカに関する論文や著書を残しています。歴史家の喜田貞吉《きたさだきち》にも、サンカに関する古典的な論考があります。作家の三角寛《みすみかん》は、サンカを素材にした「山窩《さんか》小説」を数多く発表しています。三角寛は、山窩小説を書く一方で、サンカに関する学術的な研究にも取り組み、一九六二年（昭和三七）三月には、「サンカ社会の研究」で文学博士号（東洋大学）を得ています。[10]

私が「サンカ」という存在を知ったのは、吉本隆明《よしもとたかあき》（一九二四〜二〇一二）の『共同幻想論』（河出書房新社、一九六八）を読んだときです。たしか、まだ大学生のころです。この本の「他界論」のところに、次のような文章がありました。

〈サンカ〉のように耕作しないで、移動手業につき、野生物や天然物に依存することのおおい生活民を想定すれば、まったく別個の時間認識が得られる。三角寛のすぐれた研究『サンカの社会』[11]によれば、〈サンカ〉の共同体では、現在の夫婦を一として、五代前の高祖父

10＊　国立国会図書館のデータによる。著者は三浦守（三角寛の本名）。

11＊　一九六五年刊の『サンカの社会』（朝日新聞社）のことであろう。この本は、一九七〇年にタイトルを変えて復刊された（『サンカ社会の研究』三角寛全集35、母念寺出版）。

母は〈テガカリカミ〉と称する生神様とかんがえられ、生きていればその子孫はもちろん、所属の共同体のものは当番で三日目毎に献食をはこばなければならないと記されている。

こういった記述に接し、「サンカ」という存在に関心を持ったのです。ただし、本格的に調べ始めたのは、一九八〇年代に入ってからです。本格的に調べると言っても、もちろん、「趣味」の範囲です。

まず、古書店を廻って、サンカ関係の本を、何冊か買い求めました。最初のころに買った本に、三角寛の『山窩は生きてゐる』（四季社、一九五二）があります。この本は、神田神保町の大雲堂書店で買い求めました。同じころ、神田神保町の南海堂書店で、『山窩社会に於ける狂気の研究』という本を見つけました。著者は三角寛で、読売新聞社の発行だったと記憶します。古書価が高額だったので、購入はあきらめましたが、今でも「あの本は買っておけばよかった」と後悔しています。[*12]

そのうちに、民俗学者・言語学者の後藤興善《こうぜん》に、『又鬼《またぎ》と山窩』（書物展望社、一九四〇）という本があることを知りました。後藤興善（一九〇〇〜一九八六）は、かつて柳田國男の高弟だった民俗学者ですが、何らかの理由で柳田と袂《たもと》を分ち、言語学の研究に移りました。『又鬼と山窩』は稀覯本《きこうぼん》で、当時、古書目録などでは、眼の玉が飛び出るような古書価がついていました。

そこで、東京・本郷の批評社に、この本の復刻を働きかけてみました。この復刻は、アッケなく実現しました。批評社版『又鬼と山窩』（一九八九年八月）です。[*13] このとき、批評社という出版社に働きかけたことに、深い理由があったわけではありません。たまたま、同社に注文していた書籍が届いたので、そこにはさまっていた読者カードに、「『又鬼と山窩』の復刻をご検討ください」という趣旨のことを書いて送ったような次第です。

『サンカと説教強盗』を執筆する

同じころ私は、数人の友人を誘って、「関東歴史民俗学研究会」という研究会を立ち上げました。第一回の研究会を催したのは、一九九〇年の八月のことで、参加者はわずか四名でした。一九九五年四月に機関誌『歴史民俗学』[*14] を創刊したあたりから、会員数が増えはじめ、二〇〇六年からは、「歴史民俗学研究会」と改称しました。

第一回研究会では、参加者四名が、それぞれのテーマで報告をおこないました。私は、「説教強盗はサンカだったのか」というテーマで報告しました。

12＊　この本は、いまだに、本の存在そのものが確認できないでいる。
13＊　この復刻版を見ると、書物展望社のマークがＮＴＴのマークと酷似しているのがわかる。
14＊　『歴史民俗学』は、その後、二〇〇六年八月発行の第二五号まで継続したが、現在は休刊中。

研究会発足の報告を兼ねて、批評社宛に、第一回研究会のレジメをお送りしたところ、しばらくしてから、同社の佐藤英之社長からお手紙をいただき、『サンカと説教強盗』というタイトルで、一冊、書いてほしいと依頼されました。いきなり「一冊」という依頼に動揺しましたが、「チャンスの女神には前髪しかない」(Grasp Fortune by the forelock.) という言葉を思い出し、何とかやってみますと、お返事しました。

つまり、私の場合、在野研究者としての活動を始めると同時に、なんとなく「モノカキ」としての道を歩み始めてしまったのです。

さて、仮題『サンカと説教強盗』ですが、最初の目論見では、サンカ論を主とし、説教強盗事件を従とするはずでした。書き出してみると、説教強盗事件という不可思議な事件の解明に紙数を取られ、説教強盗事件が主、サンカ論が従となってしまいました。しかし、「サンカ」についても考察を重ね、独自にして新しいサンカ論を提示できたように思います。

説教強盗事件について、簡単に説明します。説教強盗事件というのは、大正の末年から昭和初年にかけて帝都東京に起きた、六五件に及ぶ連続強盗事件のことです。私の見立てによれば、この事件は、警察が検挙できなかった犯人を、東京朝日新聞の三浦守記者(のちの三角寛)が犯人を特定してしまったという、何ともキッカイな事件でした。

それまで、この事件について、そんな見立てをした論者は、誰もいませんでした。三浦記者本人も、自分が犯人を特定したとまでは言っていません。しかし私は、当時の東京朝日新聞を注意深く読み込むことによって、その見立てに誤りがないことを確信しました。

このサンカ論は、一九九二年の四月に脱稿し、同年六月に発刊されました。タイトルは、佐藤社長提案の通り、『サンカと説教強盗』、サブタイトルは、【闇と漂泊の民俗史】。事件の再現写真を用いたユニークな装幀は、桑谷速人《くわたにはやと》さんによるものでした。[*15]

この本を書いてみて感じたのは、本にまとめるという目標があると、私のような怠け者でも、意外なほど頑張れるということです。また、その執筆の過程で学んだことは、資料（史料）を徹底的に読み込んでいくと、それまで見えなかったものが見えてくる瞬間があるということです。もうひとつ、「事件の現場」に赴きますと、それまで見えなかったものが見え、気づかなかったことに気づくということも学びました。[*16]

15＊『サンカと説教強盗』は、一九九四年に、「資料編」を加えた「増補版」が出た。また、二〇一〇年には、河出書房新社から河出文庫版が出ている。

16＊『サンカと説教強盗』の執筆中、私は、説教強盗が逃走した経路をいくつか歩いてみた。また、のちに『サンカと三角寛』（平凡社新書、二〇〇五）を執筆していたときは、何度も説教強盗に狙われた上板橋の小沼米店を訪ね、お話を伺った。事件の現場に赴くことの重要性については、本書第14講、第15講を参照されたい。

村岡素一郎の『史疑』を復刻する

作家の南條範夫（一九〇八～一九〇四）に、『三百年のベール』（文藝春秋新社、一九六二）という小説があります。徳川家康替玉説をモチーフにした小説で、これは、『史疑徳川家康事蹟』という明治期の歴史書をタネ本にしています。

私は、この『三百年のベール』を、一九八六年に出た批評社版で読みました。たいへん緻密に構成された小説で、感心しながら拝読しました。読み終わったあと、この本のタネ本である『史疑徳川家康事蹟』のことが気になりました。『史疑徳川家康事蹟』は、静岡県の官吏だった村岡素一郎《もといちろう》（一八五〇～一九三二）の著書で、一九〇二年（明治三五）に民友社から刊行されています。この本が、「明治文学全集」の『明治史論集（2）』（筑摩書房、一九六五）に収録されていることは知っていました。しかし、できれば、「原本」で読みたいものだと思いました。

一九九二年の一二月中旬、高崎市にある名雲書店の古書目録に、『史疑』が載っているのを見て注文し、無事、入手を果しました。その一週間ほどあと、批評社の佐藤社長にお目にかかる機会がありましたので、同書を持参し、「これが『三百年のベール』のタネ本です」と言って紹介しました。その年のうちに、『史疑』を復刻してみようかという話になり、翌一九九三年一月から、同書の「解題」に着手しました。

同年五月、早くも、礫川全次編著『【復刻】史疑 幻の家康論』が刊行されました。この本は、基本的に、『史疑徳川家康事蹟』の復刻本ですが、それに「史疑 幻の家康論」という、やや長めの「解説」が付いています。[*17] 当初は、「解題」程度の短い文章を付せばよいと思っていましたが、『史疑』原本を読んでいくうちに、書かねばならないことが増えてきて、一五七ページに及ぶ「解説」を一気に書くことになりました。

この『史疑』という本は、「神君」と称された徳川家康の出自が卑賤であったことを論証するかに見せながら、実は、元勲と称されて明治政府の中枢に位置している人物（単数または複数）の出自が「卑賤」であることを暗示しようとしたものである。――これが、私の解説のポイントです。[*18]

この解説を書いてみて感じたのは、解説という責務を負わされると、たとえ『史疑』のように難解な本であったとしても、必死になって「解読」に努めるものだということです。また、この解説の過程で学んだことは、対象の文献を一字一句、丁寧に読んでいくと、著者が秘かに発している「メッセージ」が見えてくることがあるということです。[*19]

17＊ 今日、店頭にある『史疑 幻の家康論』は、『【復刻】史疑 幻の家康論』の「解説」の部分を独立させ、単行本としたものである。

18＊ 作家の丸谷才一は、このポイントを的確に把握し、新聞で広く紹介した（朝日新聞、二〇〇〇年八月二七日、書評欄）。

「歴史民俗学資料叢書」を編集する

一九九〇年前後のことだったと思いますが、私は、神田神保町の小宮山書店で、宮武省三の『習俗雑記』（坂本書店、一九二七）という本を買い求めました。著者についても、この本についても、何ら予備知識はなかったのですが、目次を見て、惹かれるものがありました。

家に帰って読んでみますと、期待以上に興味深く、また有益な本でした。特に、「糞尿奇聞」という一篇がおもしろく、何度も読み直しました。そこには、「盗人が家に這入る前、糞をたれる風」が、日本各地にあることが報告されていました。

たまたま、関東歴史民俗学研究会の席上、会のメンバーで、『犯罪の民俗学』というタイトルで本を出してみようという企画が持ち上がりました。女装、山窩、人肉食、憑《ひょう》依《い》、呪術、村八分、間引きなど、アカデミズムが好んでは扱わないようなテーマにトライしてみようという編集趣旨でした。その企画に私は、「脱糞論」というテーマを提案しました。言うまでもなく、宮武省三の「糞尿奇聞」に刺激されたテーマでした。

この企画は実現し、『犯罪の民俗学』（批評社、一九九三）となりました。この本の評判が意外によかったことから、私は、アカデミズムがあまり扱わないようなテーマをいくつか選び、それぞれのテーマについて、入手しにくい資料を影印で紹介する「資料集」はどうだろうかと思いつき、批評社に提案しました。最初に作った粗案（五巻分）は次の通りです（カッコ内は、実際に発行された際のタイトルと発行年月）。

① 糞尿の民俗学（『糞尿の民俗学』一九九六年一〇月）
② 人肉食の諸相（『人喰いの民俗学』一九九七年二月）
③ 浮浪と乞食《こつじき》考（『浮浪と乞食《こつじき》の民俗学』一九九七年七月）
④ 入墨の研究（『刺青の民俗学』一九九七年一二月）
⑤ 人柱論（『生贄と人柱の民俗学』一九九八年五月）

結果として、この提案も認めていただき、「歴史民俗学資料叢書」として刊行が開始されました。第一巻を『糞尿の民俗学』としたのは、「脱糞論」を書いたあとも、関連する文献の収集を続けており、それなりの数量に達していたからです。

以上を「歴史民俗学資料叢書」第一期全五巻としまして、続いて「歴史民俗学資料叢書」第二期、および第三期の準備もしていました。第二期以降については、出版社の英断によって、資料は「影印」で紹介するのでなく、すべて入力し直すことになりました。こ

19＊『史疑徳川家康事蹟』の著者・村岡素一郎が秘かに発した「メッセージ」については、第9講「隠されたメッセージを読み取る」でも触れる。

の方針変更によって、組版担当の西澤章司さん（字打屋）には、大きなご負担をかけることになりました。

第二期全五巻の刊行は、二〇〇三年五月から、第三期全五巻の刊行は、二〇〇六年一月からでした。いずれも無事、刊行が終了しています。第二期・第三期の装丁は、すべて臼井新太郎さんが担当しました。私は特に、『厠と排泄の民俗学』（第二期第一巻）と、『性愛の民俗学』（第三期第三巻）の装丁が気に入っています。

第二期、第三期の資料叢書で、すべての資料を入力し直すことにしたことで、編集担当の礫川の仕事も増えました。本文を「校訂」し、難語に「注釈」を施すなどの仕事です。これが、予想以上に困難な作業でした。しかし、これによって私は、第一期の編集では得られなかった貴重な体験をすることになりました。

貴重な体験というのは、校訂や注釈といった作業を集中的に続けていくうちに、疑問の点を調べるコツのようなものが身につき、そのスピードも次第に速くなっていったという体験です。もちろん、その過程で、これまで知らなかったこともいろいろと学べましたし、難解な字句を、前後の文脈から理解していく力もつきました。これは、貴重な体験というより、貴重な修行と言ったほうがよいのかもしれません。そして今、その修業の最大の成果は、よい文章とそうでない文章とを見分けられるようになったことではないか、などと思っています。

ノンフィクションライターを返上する

私は今、「在野史家」を名乗っています。在野の歴史研究者という意味です。『サンカと説教強盗』を出したときに、「ノンフィクション・ライター」を名乗り、以来、ノンフィクション・ライター、あるいは「ノンフィクションライター」を名乗ってきました。しかし、二〇〇七年八月に刊行した編著書『性愛の民俗学』（歴史民俗学資料叢書第三期第三巻）を最後に、ノンフィクションライターという自称を返上しました。

それまで、ノンフィクションライターを自称してきたのには、特に深い理由はありません。「作家」というわけではないし、「モノカキ」と称するのもどうかと思って、ノンフィクションライターを名乗っていたにすぎません。

ただし、このように自称していますと、本当に自分がノンフィクションライターであるかのように思えてくるから不思議です。実際、『戦後ニッポン犯罪史』（批評社、一九九五）や、『大津事件と明治天皇』（批評社、一九九八）を執筆していたころは、一人前のノンフィクションライターを気取っていた記憶があります。

しかし、世に知られたノンフィクションライター、ノンフィクション作家の作品を拝見しますと、どの方も歴史の生き証人を探し出し、そこから埋もれていた事実を聞き出すといった「取材活動」に力を入れておられます。一方、私は、どうもそういう取材が苦手で、どちらかと言えば、図書館を訪れ古書店を廻って、珍しい文献を見つけるほうが、性に合っていると自覚しておりました。

特に、「歴史民俗学資料叢書」で、校訂や注釈の奥の深さに気づいて以降は、ノンフィクションライターという自称に、なじまないものを感じるようになりました。そこで、歴史民俗学資料叢書第三期第四巻『穢れと差別の民俗学』（二〇〇七年一一月）、同第五巻『ワザと身体の民俗学』（二〇〇八年四月）では、あえて「ノンフィクションライター」という肩書をはずしました。

その後、「ノンフィクションライター」に代わる自称として思いついたのが、「在野史家」です。この自称を最初に用いたのは、たしか、二〇〇八年一月刊行の『アウトローの近代史』（平凡社新書）だったと記憶します。

第1部

独学者という生き方

——今日からあなたも研究者

第4講 「研究者」としての自覚を持とう

独学で歴史を研究されている皆さん、研究されようとしている皆さんに、まず期待したいのは、「研究者」としての自覚を持つということです。

「歴史愛好家」と「歴史研究者」は違います。歴史愛好家は、あくまでも、情報の「受け手」です。歴史愛好家の方々は、歴史小説を読んだり、歴史家の講演を聴いたり、史跡を訪ねてガイドの説明に耳を傾けたりします。歴史愛好家は、いわば「知の消費者」という立場で、歴史を楽しんでいるわけです。

一方、歴史研究者にとって「読書」とは、研究のために文献に当たることです。研究の上で、聴いておくべき講演があれば出かけていきます。講演終了後には、挙手して疑問の点を質《ただ》します。史跡を訪ねるのは、観光のためではなく調査研究のためです。歴史研究者は、いわば「知の創造者」という立場で、歴史を学ぶわけです。

歴史研究者として「知の創造」に関わろうとされる以上、歴史愛好家時代の「消費者」的な意識は、払拭していただかなくてはなりません。もっとも、最初から難しいことを要求するつもりはありません。

以下、「第一部」では、歴史研究者＝「知の創造者」としての「心構え」のようなことを述べてみたいと思います。そして、この「第4講」では、歴史研究者のごくごく基本的な「心がけ」について述べてみます。

「本」の読み方を変える

まず申し上げなければならないのは、「本」の読み方です。「歴史愛好家」にとっての「本」は、楽しむためのものです。しかし、歴史研究者にとっての「文献」（著書、論文、資料）は、楽しむものではなく、研究のため「読まざるをえないもの」です。たとえ難しいものでも、まったくおもしろくないものでも、必要ならば、読まなくてはなりません。

歴史研究者は、また、こうした文献を注意深く読まなくてはなりません。疑問の字句があれば、辞書などを引いて調べます。「注」が付いていれば、その注も読みます。引用文がある場合は、それを読み飛ばすことなく、ていねいに読んでゆきます。「参考文献」が示されている場合は、それも参照します。歴史研究者が文献を読むことは、すでに研究の一部です。歴史愛好家が歴史小説を楽しむのとは、わけが違うのです。

さて、本書は、「入門書」ですので、「注」を省いてもよかったのですが、あえて、注を付けています。これは、注が付いた文献を読む「練習」だと思ってください。

また本書は、随所で「引用」をおこなっています。これについても、引用のある文献を読む「練習」だと思ってください。また、本書では、引用文の「かな遣い」などを、原則として、「原文」のままとしています。これもまた、古い文献などを読む「練習」だと思っていただければ幸いです。

文献や資料を確保しておく

すでに研究のテーマが決まっている場合はもちろんですが、ある程度、研究の方向性がつかめている場合は、文献や資料の収集を開始されるとよいでしょう。

書籍などは、書籍そのものを入手してもよいのですが、費用もかかりますし、数が増えますと、置き場所に困ることになります。必要箇所だけをコピーしておくという手もありますが、今度は、そのコピーの管理で苦労します。

雑誌論文の場合は、図書館にあるものを閲覧し、コピーをとっておくのが一般的です。この場合も、コピーの管理で苦労することになります。

おそらく一番よいのは、どういう本のどの箇所、どういう雑誌の第○巻第○号に、どういうことが書いてあるというメモを作っておいて、必要が生じた場合に改めて閲覧するという方法でしょう。私はやったことがありませんが、整理整頓が得意な人にはお勧めできます。

なお、古書店の店頭、古書展の会場、古書展の目録、インターネット古書店などで、貴重な文献や資料を見つけた場合には、できる限り入手しておきたいものです。この「貴重な」というのは、その機会を逃すと二度と入手できそうもない、あるいは国立国会図書館にも架蔵されていない、などの意味です。

いま、資料という言葉を使いましたが、これと似ている「史料」という言葉があります。「資料」と言った場合は、研究の材料一般を指しますが、「史料」と言った場合には、歴史を研究する上での材料を指します。

一口に史料と言いましても、その種類はさまざまです。公文書も史料ですし、古典も史料です。歴史を動かす立場にあった人の回想録も史料です。名もない市民の日記や手記が、史料として注目される場合もあります。史料は、「文献」のみとは限りません。絵画・彫刻・写真・映画なども、立派な史料になることがあります。

自伝・自分史は記憶だけでは書けない

この本の読者の中には、これから、自分の半生を振り返って、「自伝」、あるいは「自分史」を書いてみようと計画している方もおられることでしょう。自分の過去を振り返りながら、自伝・自分史をまとめる作業は、立派な「歴史研究」です。と同時に、あなたの歩んでこられた貴重な人生体験を、「史料」として後世に残すことです。いずれにしても、これはすばらしいことで、ぜひとも実行に移していただきたいと思います。

そういう皆さんに対して、僭越ながら、一言申し上げます。もしあなたが、自伝・自分史であれば、記憶だけで書けるから難しくない、と考えておられるようでしたら、それは間違いです。たしかに、記憶だけでも、ある程度のものは書けます。しかしそれは、往々にして、ひとりよがりなもの、内容にかたよりがあるもの、情報が不足しているもの、情報が不正確なものになりがちです。それでは、あなたの歩んでこられた足跡を、「史料」として後世に伝えることはできません。

ここで、ひとつ例を挙げます。児童文学者の長尾宏也《こうや》さんが書かれた『むかしの旅』（日本児童文庫刊行会、一九五八）の中に、次のような記述がありました（二三七～二三九ページ）。ルビは、原文に従いました。

十六キロの山坂をくだると、大きな川のある町につきました。成羽《なりわ》です。その川には、はじめて見る船が、岸ちかくとまっていました。高瀬船《たかせぶね》です。ここから、船にのって川をくだるのですが、なにしろ、貨物《かもつ》をはこぶ船のことです。船頭《せんどう》ひとりに、荷役人夫《にやくにんぷ》がひとり、わたしたちは、荷もつをつみこんだかたすみにすわりました。ここまでくると、知っているひとといっては、ひとりもありません。成羽《なりわ》川はやがて高梁《たかはし》川といっしょになって、川はばは、いっそうひろくなってきます。すずしい川風をいっぱいあびながら、あるときはゆっくり、あるときは矢のように早く、船はどこまでもくだっていきました。

湛井《たたい》というところに、船はつきました。ここは、あのなみだでねずみの絵をかいた雪舟《せっしゅう》がいた宝福寺《ほうふくじ》があるところです。そのころ、中国鉄道の終点でした。

船頭のあんないで、停車場にきてみると、そこには祖父《そふ》のもとから、むかえのひとがきて待っていました。わたしたちは、やがて汽車で、岡山をへて、金川《かながわ》という駅につきました。

祖父のうちは、金川から、さらに旭川《あさひがわ》にそって一里さかのぼるのでした。

【中略】

これは、著者の長尾さんが、小学四年生のころ、六年生の姉とふたりで、初めて鉄道に乗って旅行したときのことを回想した文章です。長尾さんは、この旅行の思い出を、たぶん、記憶だけで書いています。

この本は、「アルス日本児童文庫」の一冊で、小学生の児童を対象に書かれたものです。しかも、著者の長尾さんは、ここで、自分と「旅」との出会いについて、語ってみたにすぎません。この小旅行について、詳しい説明は必要ないと考えられたのでしょう。もちろん、このケースでは、これで十分なのです。

しかし、もし長尾さんが、「自伝」として、自分の生涯を書きとめられた場合は、この小旅行についても、もう少し詳しく説明されたことでしょう。たとえば、長尾さんが生まれた土地、家の職業について、姉と弟のふたりだけで祖父の家まで旅行することになった事情などは、この本では、ほとんど説明がありません。しかし、「自伝」の一部ということであれば、そのあたりについても、もっと詳しく説明されたことでしょう。

また、ここに出てくる「中国鉄道」は今でもあるのか、「湛井」という駅は今でもあるのか、岡山駅から金川駅までの「汽車」は、当時、何という鉄道だったのかなどについても、おそらく注釈を加えられたことでしょう。[*20]

長尾さんの小旅行の例で、私が申し上げたかったのは、自伝・自分史といっても、記憶だけに頼って書けばよいというものではないということです。そういう書き方を否定するわけではありませんが、少なくとも、「歴史」に関心をお持ちになっている皆さんが、これから、自伝、自分史を執筆される場合には、これを「史料」として後世に残すという意識を持ち、それなりの調査・研究を踏まえながら、執筆を進めていただきたいということなのです。[*21]

自伝・自分史を書くための参考資料

今、自伝・自分史を書く際は、それなりの調査・研究を踏まえるべきだということを申しました。自伝・自分史を執筆する際には、自分の記憶を補うような「参考資料」を用意し、そうした資料と自分の記憶とを、互いに照らし合わせながら執筆していくことをお勧めします。

これは、あなたが自分の記憶力に自信がおありになるという場合でも、あるいは、あなたが以前から「日記」をつけておられるという場合でも変わりません。

参考までに、自伝・自分史の執筆に役立つ「資料」を、順不同で挙げておきます。

○母子手帳
○むかしの教科書・ノートなど——教科書は、図書館などで閲覧できることがあります
○通信簿・絵日記・賞状など
○修学旅行文集・卒業文集・卒業アルバムなど
○ＰＴＡ名簿・同窓会名簿・同窓会便りなど
○各種年表——日本史年表・近代史年表・昭和史年表など

20＊ 湛井駅に終点があった「中国鉄道」は、詳しくは、中国鉄道吉備線で、現在のＪＲ西日本吉備線に当たる。ただし、湛井駅は、路線変更により、一九二五年（大正一四）に廃止された。岡山駅から金川駅までの鉄道は、当時の中国鉄道本線（岡山駅・津山駅間）で、現在のＪＲ西日本津山線に当たる。
21＊ 自伝を書こうとされている方に、原武史氏の『滝山コミューン一九七四』（講談社、二〇〇七）を一読されるよう、お勧めしたい。著者は小学校時代の「教育」を回想する際、当時の級友にインタビューし、またさまざまな文献に当たって、正確を期している。文庫版（二〇一〇）がある。

○新聞の縮刷版・各種年鑑など――図書館で閲覧できます
○当時の地図・当時の時刻表など
○市町村誌・社史・業界誌（業界紙）・戦史など

生じた疑問は、そのつど解消しておく

第5講

新聞や本などを読んでいるときに、読めない字が出てきたり、意味がわからない言葉が出てきたりすることがあります。これは、誤植ではないのか、あるいは、書き手が何か勘違いしているのではないか、と思うこともあります。

そうした疑問が生じたときは、そのままにしておかず、すぐに調べるようにしましょう。すぐに調べるという習慣を続けていますと、調べる能力が、みるみる向上します。もちろん、知識・教養も深まっていきます。生じた疑問を、そのつど解消させていく習慣は、あなたが今後、ご自身の研究を進めていく際に、あるいは、実際に論文を執筆する際に、必ず役に立つことでしょう。

以下では、実際に私が疑問を解消した例を、ふたつほど紹介してみたいと思います。

田中正造の性格は「少しく戇」

田中正造《しょうぞう》（一八四一～一九一三）といえば、足尾鉱毒問題の解決に尽力した政治家として知られています。一八八〇年（明治一三）、栃木県議会議員となり、一八八二年（明治一五）

四月に立憲改進党が結党されますと、自由党を離れ、立憲改進党に入党しました。当時、四二歳（数え歳）です。

立憲改進党は、「明治一四年の政変」によって政府を追われた大隈重信《おおくましげのぶ》を中心に結成された党で、結党当時のメンバーには、矢野文雄（龍渓）、犬養毅《いぬかいつよし》、前島密《ひそか》、鳩山和夫、島田三郎らの著名人がいました。

田中正造は、島田三郎[*22]の紹介によって、大隈重信の門に出入りするようになります。その島田が、大隈に宛てた田中正造の紹介状というものがあります。一八八二年（明治一五）六月二一日付の、この紹介状の中で島田は、田中が栃木県内で「百余名」の党員を獲得したことなどを紹介したあと、最後を次のように締めくくっています。

性少しく戇にして短慮之失《しつ》あり候へ共《そうらえども》、直実勉強は多く其比なきに御座候へば地方党員中甚だ美《よ》き部類に御座候、何卒《なにとぞ》此等之長所短所お認め御接見被下《くだされ》、何角《なにかと》御示教被下候ハヽ《そうらわば》、後来《こうらい》栃木県下之党務都合よろしく可有《あるべく》御座候、

この紹介状の文面を私は、渡邊幾治郎著『明治史研究』（楽浪書院、一九三四）で読みました。だいたいの意味は取れましたが、「戇」という字が読めません。読めないというのは、一般には、初めて見る字で、読み方がわからないということです。しかし、この場合は、

あまりにも画数が多くて、字の構造そのものが読み取れなかったのです。

虫メガネをお持ちでない読者のために、この字の構造を説明しておきます。贛という字（貝部十七画）がありますが、その下に「心」が付く字です（心部二十四画）[*23]。

そもそも、「贛」という字が、かなり複雑な字です。その構造は、「章」というヘンがあって、その右に、「夂」の下に「貢」と書くツクリがあります[*24]。

さて、「戇」という字の読みですが、貝塚茂樹ほか編『角川漢和中辞典』（角川書店、一九五九）によれば、訓は「おろか」です。その意味は、「①おろか。正直で頭のはたらきがにぶい。ばかしょうじき。②いっこく、がんこ、剛直」とありました。

これを見て、「まさしく」と思いました。政治家として足尾鉱毒問題の解決に尽力し、衆議院議員辞職後には、ついに「直訴」に及んだという田中正造は、まさしく「ばかしょうじき」で「剛直」な人物でした。島田三郎が出会ったころの田中は、政治家としては、まだまだ無名です。しかし島田は、おそらく一瞬にして田中の性格を見抜き、それを、「戇」という字で表現したということでしょう。

22＊ 当時、島田三郎は「東京横浜毎日新聞」社員。

23＊ 小柳《おやなぎ》司気太《しげた》編『新修漢和大字典（増補版）』（博友社、一九五三）によると、「章＋貢」の下に心が付く「戇の俗字」があるらしい（心部二十一画）。

24＊ 注23の『新修漢和大字典』で、「贛」を引くと、「戇に同じ」とある。

参考までに、先ほどの手紙の文面を、現代語訳しておきましょう。

性格は少し愚かで、考えが浅いという欠点がありますが、正直にして誠実な努力家である点は、あまり比べられる者がありません。地方の立憲改進党の中では、はなはだ結構な部類です。なにとぞ、これらの長所と短所を認識された上で、御面接をいただき、なにかと御示教をいただければ、今後、栃木県下における党の運営上、都合がよろしかろうということでございます。

佐久間象山撰「力士雷電之碑」

岩波文庫の一冊、石黒忠悳《ただのり》著『懐旧九十年』（一九八三）を読んだのは、今から十数年前のことでした。実におもしろい本で、それ以来、何度となく読み返しています。

石黒忠悳（一八四五〜一九四一）は、平野順作良忠の長子として、岩代国伊達《だて》郡梁川《やながわ》（現・福島県梁川市）に生まれました。一六歳のとき、越後国三島郡片貝村（現・新潟県小千谷《おぢや》市）の石黒家の養子となります。江戸に出て医学を学び、兵部省軍医寮出仕などを経て、陸軍軍医総監に昇り、また、貴族院議員や枢密顧問官も務めました。『懐旧九十年』は、九〇歳を越えた石黒が、その一生を回顧した談話を筆録したものです。その底本は、『石黒忠悳　懐旧九十年』（博文館、一九三六）で、これは「非売品」だったようです。[*25]

この本を読んで、まず驚いたのは、石黒の記憶力です。石黒は、一九歳のときに信州松代《まつしろ》に佐久間象山《しょうざん》を訪ね、三日間にわたって面会を許されました。初対面の際、石黒の目に映じた象山の風貌は、それから七〇年以上を経たのちも、鮮やかに再現されます。

象山先生の風采《ふうさい》は、顔は色白く、髯《ひげ》は黒く長く、目は炯々《けいけい》人を射る目付きで、白襟《しろえり》の重ねに丸に三ツ引《みびき》の黒紋付を着し、朱鞘の短刀を側へ引附けておられました。

このあと、「どういう用があってのことか、先ず以てその用向きを承《うけたまわ》ろう」と聞かれた石黒は、「私は先生の泣顔を拝見に出ました」と答えます。以下、『懐旧九十年』から引用します。

するとと象山先生は、じっと私の顔を見つめられたから、そこで私は重ねてこう述べました。「わたしはかつて中之条にいたので、上田と小諸《こもろ》との大石村の路傍で、先生の御撰文で、かつ御書きになった力士雷電の碑文を毎々拝見し、誠に敬服しておりますので今にその全文を暗記しております。」と言ってそれを誦《そらん》じ、「この碑文の終りにあります『今、予《よ》雷電

25＊ 岩波文庫版の凡例による。

のために この碑に識《しる》して、またまさに殆ど泣かんとするなり』というその御顔を拝見に参りました。」と申しました。
象山先生は「面白い、面白い」と首肯《うなず》いて微笑されました。

ここでは、そのときの対話の様子が、イキイキと再現されています。やはり、石黒忠悳という人は、恐るべき記憶力の持ち主だったようです。[*26]
ところで、この席で石黒がそらんじた「力士雷電の碑文」とは、どんなものだったのでしょうか。何年か前、この本を読み直していたとき、ふと、その碑文のことが気になりました。インターネットで調べて、ある程度のことはわかりましたが、碑文を鮮明に示している写真は見つかりません。
たまたま、岩波文庫版の巻末解説「祖父忠悳のこと」(原もと子執筆)を読んだところ、底本には「写真版四十六葉」があったが、岩波文庫版では、「口絵として一葉のみ」が選ばれ、残りは割愛された旨の記述がありました。ということであれば、その採用されなかった写真版の中に、「力士雷電の碑文」が含まれていた可能性もあります。
そう思って、国立国会図書館の「デジタルコレクション」で、『石黒忠悳　懐旧九十年』を閲覧してみますと、[*27]案の条、次のような写真版が見つかりました。

これは、「力士雷電之碑」の拓本です。折りジワがあって、鮮明な写真とは言えませんが、マウスを操作して画面を拡大してみますと、意外にも、一字一字がシッカリと読み取れます。ただし、この「力士雷電之碑」は、難字、異体字を多用しており、これを読解するのは（入力するのは）、ナミタイテイのことではありません。しかし、興味がある読者がおられましたら、ぜひ、試みてください。なお、本書第16講では、「碑文の筆写」について説明します。

26＊　一度、目で見た光景を画像として記憶し、再現できる資質を持っている人があり、心理学では、そうした像を、「直観像」と呼んでいる。石黒忠悳は、そうした直観像の資質を持っていたのであろう。ただし、石黒の場合は、ここで見るように、その記憶の対象は、静止画像にとどまらず、音声を含む「動画」にまで及んでいると思われる。

27＊　ちなみに、博文館版の奥付には、「正価　金三円五十銭」とある。

第6講 典拠がわかるものは典拠に当たる

言葉、文章、情報などについて、その文献上のよりどころを「典拠」と言います。書物や論文を読んでいますと、「このことを私は、『〇〇』という本に教えられた」というような表現に接することがあります。その『〇〇』が、「典拠」に当たります。典拠は、地の文で示されることもありますし、「注」で示されることもあります。[*28]

学術的な論文、あるいは信頼できる書物の場合は、ひとつひとつの情報について、その典拠が示されています。逆に言えば、情報や判断の典拠が示されていない書物は、信頼できる書物とは言えません。

さて、ここで、独学をこころざす皆さんに申し上げたいのは、論文、書物などを読んでいて、典拠が示されていた場合は、労を厭わず、その典拠に当たっていただきたいということです。典拠に当たることによって、その論文、書物に対する理解は、一段と深いものとなるでしょう。また、典拠に当たることによって、その論文、書物だけでは得られなかったものが見えてくることもあります。

以下に、実際に私が、典拠に当たってみた例を、示しましょう。

井上馨のセクハラに反撃した一婦人

二〇一五年一二月ごろ、英語研究雑誌『青年』のバックナンバーを何冊か入手しました。古書価は、一冊一〇〇〇円。のちの『英語青年』は、一八九八年（明治三一）に創刊された当時は、『青年』（The Rising Generation）と題していました。このとき入手したバックナンバー数冊は、いずれも、一八九九年（明治三二）から翌年にかけて発行された号でした。発行元は、「ジャパン・タイムス社内青年発行所」となっています。

そのうちの一冊、第二巻第一一号（一八九九年一二月）をめくっていますと、「井上伯婦人にへこまさる」という記事が載っていました。短い記事ですが、何とも珍しい話でした。英語研究雑誌にふさわしく、その英訳もついています。このうち、日本文を、そのまま紹介してみます。ルビは、引用者によるものです。

現代閨秀逸話

井上伯婦人にへこまさる

農商務書記官商務局長齋藤修一郎氏の夫人は府下材木商某の女なり性不羈《ふき》にして人に阿《おも》

28＊　あえて典拠を示さない場合、あるいは典拠をアイマイにする場合がある。『日本書紀』で多用される「一書《あるふみ》に曰く」などの表現が、それに当たる。

ねらず能く世の傑士を御《ぎょ》す氏曽《かつ》て外務農商務大臣の秘書官として井上伯に侍す伯元活達機敏婦女と戯れ言ふ毎に其欠点を指す偶々《たまたま》官舎に夜会ありて貴女群集す夫人亦其の中にあり応接儼乎として人に媚言を呈せず方正自ら持す已《すで》にして会散する時伯復夫人に戯れて冷評を下す語気甚だ滑稽なり夫人其無礼を憎み忽《たちま》ち伯に組み附き引き倒して之を膝下《しっか》に敷き有《あり》合ふ大筆《たいひつ》を執て其面を塗り微笑して曰く伯若《も》し冷語を止めずんば墨汁尚ほ伯の面《めん》に注がんと伯為めに閉口す

夫人亦家政を斉《ととの》へ氏を助けて外交華美の費《ひ》に乏しからざらしむ（明治閨秀美談抄録）

記事には、句読点、ルビはまったくありません。ついでに、英訳のほうも紹介しておきたいところですが、これは割愛します。

ここに、井上伯とあるのは、明治の元勲・井上馨《かおる》のことです（一八八四年・伯爵、一九〇七年・侯爵）。

話の内容は、井上伯の官舎で開かれた夜会の席で、婦人に対する井上伯の言動に、無礼なものがあり（セクハラ）、これを憎んだ齋藤修一郎氏夫人が、井上伯を組み伏せ、顔に墨汁を塗って制裁した、というものです。何ともスゴイ話です。

さて、日本文の末尾に、（明治閨秀美談抄録）とありました。これが「典拠」です。さっそく、その典拠に当たってみました。*29

調べてみますと、「明治閨秀美談」とあるのは、「明治閨秀美譚」の誤記でした。一八九二年（明治二五）発行、鈴木光二郎編『明治閨秀美譚』（東京堂書房）が出典でした。たしかに、その七七〜七八ページにかけて、「齋藤夫人墨を以て井上伯の面を抹す」というタイトルの文章があります。本文は、雑誌『青年』が紹介しているものと、ほとんど変わりません。ただし、『明治閨秀美譚』のほうは、ほとんどの漢字にルビが振られていました。

ところで、齋藤修一郎氏夫人が、井上馨を組み伏せた話ですが、おそらく、この婦人には、ヤワラ（柔術）の心得があったのでしょう。でなければ、男を押し倒して、膝で抑えつけた上で、顔に墨を塗るというような芸当は、できるものではありません。

私は、むかし、柔術を習ったことがあるので、ある程度、想像できるのですが、夫人は、井上を倒してうつ伏せにし、左手で相手の左肘を抑え、右膝で相手の左肩甲骨下部を抑えた上で、空いた右手で筆を執り、右横向きになっている相手の顔に、墨を塗ったのだと思います。

この場合、自分の左膝は床の上にあることになります。ところが、「之を膝下に敷き」に対応する英訳を見ますと、bore him down under her kneesになっています。これは、bore him down under her kneeとすべきだったと思いますが、もちろん、これは瑣末なこ

29＊　国会図書館デジタルコレクションの『明治閨秀美譚』を参照した。

とです。

それよりも、井上伯を組み伏せた齋藤修一郎氏夫人のフルネームが知りたいところです。実はまだ、つきとめていません。

宮武外骨の『明治演説史』に学ぶ

異色のジャーナリストとして知られる宮武外骨（一八六七〜一九五五）に、『明治演説史』（有限社、一九二六）という作品があります。類書のない貴重な文献です。

数年前、この本を読んでいて、「演説の起原」の項にある次の箇所が目にとまりました（五ページ）。ルビと〔注〕は、引用者によるものです。

講釈師落語家、これは「舌耕師《ぜっこうし》」と呼ばれた演説家である、太平記読《よみ》の見て来た様な嘘交りも構想的の芸術演説と云ふべく、坊主と婦人嫌ひの志道軒〔江戸中期の講釈師・深井志道軒〕が臨機応変の罵倒を敢《あえ》てしたのも舌耕の妙を得たものであつた

福沢諭吉が講談師松林伯円《しょうりんはくえん》を自邸に招いて弁舌の伝習をしたと云ふ事が『明治英名伝』に出て居る、偉人諭吉の舌耕は其範を伯円にとつたのであるとすれば、シヤク師〔講釈師の略〕の功も亦大なりとせねばならぬ

近代日本における「演説」の元祖が、福沢諭吉であることは聞いていましたが、その福沢が、講談師の松林伯円を自邸に招き、弁舌の伝習を受けていたとは知りませんでした。しかも、宮武外骨は、これについて、『明治英名伝』という典拠を挙げています。ということであれば、その『明治英名伝』に当たって、事実を確認するほかはありません。

国立国会図書館のオンラインサービスで「明治英名伝」を検索しますと、一件がヒットします。高瀬松吉編『明治英名伝』（績文社、一八八三）です。すでに著作権が切れていますので、デジタルコレクションでの閲覧が可能です。

たしかにそこには、「福沢諭吉君伝」が入っていました。七ページ弱の短い文章ですが、簡潔にして要を得ています。「演説」に関する記述を抜いてみます。ルビは引用者が振りました。

……又《ま》タ日本ニ演説会ヲ創始ス君初メ西洋演説ノ風ヲ移シテ日本ニ開カントス弁舌未タ滑ラカナラス密《ひそか》ニ講談師松林伯円ニ就テ其弁ヲ学ブ此ニ於テ其弁流ル、ガ如ク巧ニ滑稽ヲ挿ミ言語平易ニシテ事理《じり》燦然タリ実ニ弁士ノ泰山北斗ト謂フ可キ耳《のみ》。

これによりますと、「密ニ講談師松林伯円ニ就テ其弁ヲ学ブ」とありますが、「自邸に招いて」と書いているわけではありません。「密ニ」を、外骨が「自邸に招いて」と解釈したものと推測できますが、福沢が、ひそかに寄席に通った可能性も十分にあります。ことによると外骨は、「福沢が伯円を自邸に招いた」という情報を、『明治英名伝』とは別のところから入手していたのかもしれません。

いずれにしても、福沢が、講談師（講釈師）の松林伯円から「弁舌」を学び、それを「演説」の開発に活かしていたことは、ほぼ間違いないようです。

ここでいう松林伯円は、正確には、二代目松林伯円（一八三四〜一九〇五）のことです。「講談中興の祖」と呼ばれた名人で、当時、たいへん人気のある講談師でした。

福沢が伯円から弁舌を学んだ時期ですが、「演説会ヲ創始」したものの、なめらかな弁舌とまではゆかず壁にぶつかっていたころ、つまり、一八七三年（明治六）か、その翌年と考えるのが妥当です。

ところで、宮武外骨の『明治演説史』には、「松林伯円の童蒙演説」という項があります。そこには、松林伯円がテーブルを前にして椅子に座り、聴衆に向かって「演説」をしている挿絵が掲げられています。この挿絵は、一八七九年（明治一二）に出版された『今常盤布施譚』という本に載っているとあります。どうも、その当時、松林伯円は、「演説」に挑戦していたようなのです。

福沢諭吉は、「演説」を完成させるために、講釈師の松林伯円から弁舌を学びました。一方、伯円のほうも、福沢の演説に刺激されたものか、みずからもまた「演説」を始めたようです。松林伯円というのは、どうも、ただの講釈師ではなかったようです。

　ということになりますと、今度は、松林伯円という人物に興味が湧いてきます。手初めに、『今常盤布施譚』という本を調べてみました。国立国会図書館には、『今常盤布施譚《いまときわふせものがたり》』が架蔵されています。ところがこれは、一八七九年（明治一二）

に出版されたものではなく、一八八六年（明治一九）に日吉堂というところから出されたものでした。残念ながら、そこには、外骨が引いている挿絵がありませんでした。

松林伯円については、講談の速記録などが、国立国会図書館に数多く架蔵されておりまして、これらを調べていくうちに、いろいろと興味深い事実を知ることができました。しかし、話がそれますので、その紹介は割愛します。

ある文献から出発して、それが典拠として掲げている文献を調べ、そこから、さらに別の文献へ、というふうに調べ続けていきますと、今まで知らなかったような世界が、どんどん広がっていきます。そうして調べているうちに、「これこそ自分が求めていたテーマだ」というものが見つかるかもしれません。

飯沢匡の「しんぱんいろはかるた」

何十年も前のことですが、飯沢匡《いいざわただす》（一九〇九〜一九九四）の『武器としての笑い』（岩波新書、一九七七）を、たいへん興味深く拝読しました。

ひとつ、感心させられたのは、飯沢が、かつて『アサヒグラフ』誌で試みたという「文体模写」です。同書には、「模・正宗白鳥」、「模・武者小路実篤」、「模・泉鏡花」、「模・内田百閒《ひゃっけん》」、「模・徳富蘇峰」という五つの「文体模写」が載っています。いずれも、それらしい傑作です。

もうひとつ、印象的だったのは、やはり『アサヒグラフ』に載ったという「いろはがるた」の話です。これについては、まず、飯沢の説いているところを見てみましょう（一二一～一二二ページ）。

私は終戦の翌年、二十一年の『アサヒグラフ』正月号に「いろはがるた」を掲載したことがある。例えば「犬も歩けば棒に当る」という字のところにはG・I（米兵）がパンパン（売春婦）と共に歩いてる写真を載せた。昭和五十年代のこのところ「いろはがるた」の再評価が盛んであるが、戦後としては私のこの企画は今のブームのさきがけをなしたといってよかろう。当時は厳重な占領軍の検閲があり、印刷の事前に最後の校正刷りを提出して許可を貰わなくては発行は出来なかった。戦争中さんざん、軍部の検閲で泣かされて来た私たちであったが敗戦で「民主主義」「言論の自由」と思ったのは早とちりであった。日本軍部のように生命の危険は余り感じなかったが、かなり怖ろし気な検閲があったのだ。

これによれば、飯沢匡は、『アサヒグラフ』一九四六年（昭和二一）正月号用に、諺と写真とを組み合わせた「いろはがるた」の企画を立てました。この企画には、アメリカをからかう意図があったのですが、検閲官には気づかなかったようです。

さて、この文章を読んだ私は、どうにかして、『アサヒグラフ』に載ったという、その「い

犬も歩けば棒に當る

ろはがるた」を、見てみたいと思いました。しかし、なかなかチャンスがありません。

数年前、五反田の古書展で、古い『アサヒグラフ』数冊があるのを見つけ、手に取ってみますと、そのうちの一冊が、何と「昭和二十一年一月五日号（第四十五巻第一号）」でした。表紙の最下部には、「新版イロハ歌留多」という文字がありました。もちろん、購入しました。

本文を見ますと、「はつわらひしんぱんいろはかるた」とあり、「い」から「京」まで、四ページにわたって四十八枚の絵札（写真）が並んでいます。各絵札の横には、小さい字で、いろは四十八の諺《ことわざ》が書かれています。

もちろん、先頭は、「犬も歩けば棒に当る」です。それに対応する写真（上掲）は、三人の若い女性が街を歩いていて、その後ろにセーラー服姿の水兵が歩いているというものです。

飯沢はこれを、「G・I（米兵）がパンパン（売春婦）と共に歩いてる写真」と説明しましたが、どんなものでしょうか。三人の女性と三人の水兵は、たまたま同じところを歩いているようにも見えます。また、三人の女性は表情も明るく、ごく普通の娘さんにしか見

縁は異なもの味なもの

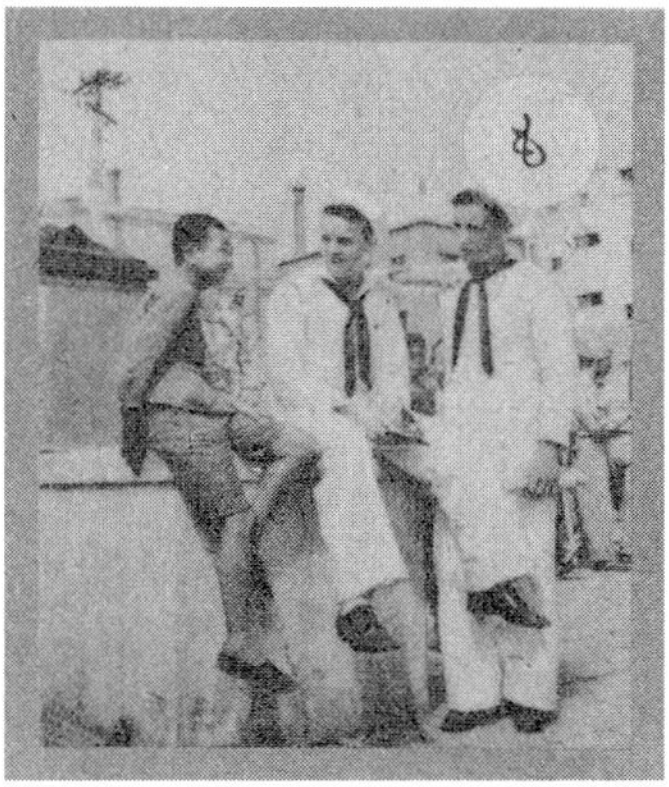

門前の小僧習はぬ經を讀む

（図版提供：朝日新聞社）

えません。読者の皆さんは、この写真を見て、どのような印象を持たれますか。

なお、私がこの「いろはがるた」を見て、この当時の世相をよく表わしていると思ったのは、「ゑ」の札と「も」の札です。こちらの図版も掲げておきましょう。

この例に限らず、著者が典拠として掲げている文献を調べて、その著者の述べていることに疑問が生じるということがあります。そうした意味でも、「典拠」を確認するということは、重要なことなのです。

第7講

引用文もまた論文の一部

初学者が論文などを読むとき、意外にネックになるのが「引用」です。皆さんは、書物や論文を読んでいて、長々とした引用、古文・漢文の引用などにぶつかり、それを飛ばして先に進んだことはありませんか。

しかし、この「読み飛ばし」は、ほめられたことではありません。特に、これから、「独学者」、「研究者」の自覚を持って、いろいろな書物・論文に当たられる皆さんには、お勧めできません。

書物や論文の執筆者は、必要だと思うからこそ、読者に読んでもらいたいと思うからこそ、「引用」をおこなっているのです（この本もそうです）。皆さんが、その書物・論文から、何かを学び取ろうというのであれば、そうした「引用」を読み飛ばすことなく、その部分もシッカリと理解した上で、読み進めていただかなくてはなりません。

以下では、いろいろな「引用」のパターンを紹介しながら、執筆者が「引用」をおこなう意図、その際の心意、読者が「引用文」に接する際の注意などについて、述べてみたいと思います。

やや古い引用法、『近世叢談』から

戦中の一九四四年（昭和一九）に出た『近世叢談』（北海出版）という本があります。著述家の渡辺修次郎（一八五五〜？）の論文を集めたものです。

左に掲げるのは、「外国王族最初の来朝＝政府の苦慮」という論文の一部です。この論文で渡辺は、明治二年（一八六九）七月に、イギリスの王族、エディンバラ公アルフレッドが来日したときの様子を比較的、詳しく紹介しています。ルビと〔 〕内の注は、引用者が付けました。

王子は滞京五日間、八月三日東京を去り、〔小松川〕嘉彰《よしあき》親王及び岩倉〔具視〕以下大官数名見送りとして馬車にて横浜に赴き（約四時間半を費す）イギリス軍艦内に於て饗応を受けた。五日夜九時よりイギリス公使館（当時横浜に在り）に於て夜会の催しあり、王子を主賓として嘉彰親王、大久保〔利通〕、広沢〔真臣〕、副島〔種臣〕等並に各国公使其他外国婦人が多く参集し、外人連の舞踏があつて夜二時に及び衆客退散した。男女手を取つての舞踏は、此等日本人は始て見ることなれば、実に一驚を吃したらしく「広沢日記」には『奇々妙々、紙上に尽し難し』などと評し「大久保日記」には『来客多々、婦人相集り舞の興有之、国振りよりは大に替り、珍しく見物いたし候』とあり。彼我習俗の相違甚しければ、当時に在つて各々奇異の感想を起したのは無理もない。

是より先万延元年〔一八六〇〕、幕府の遣米使節新見正興《しんみまさおき》の一行が国務長官の官邸に招れて、始《はじめ》て男女の舞踏を観て大に驚き『男女組合つてめぐることこま鼠の廻るが如く、終夜かく興ずるよし、をのれは実に夢か現《うつつ》か分らぬばかりあきれたり、凡《およ》そ礼なき国とはいへども、外国の使節を招請せしには不礼とゝがむれば限りなし』と其日記は罵評してある。其れより九年を経過して明治二年となつたれども、我が為政者の外国の事情に暗かつたことは尚ほ以前と余り違はなんだことが右夜会の記事で能く解る。

ここでは、引用は、地の文章の中に盛りこまれています。まず書名を挙げ、その一節を『　』で引いています。今日では、前後を一行あけるなどのカタチの引用法が一般的ですが、それと比べますと、やや古いカタチの引用法と言えるでしょう。

それにしても、渡辺の引用の仕方は巧みです。明治二年といえば、外国人が「男女手を取つて」踊る光景を見るのは、ほとんどの日本人にとって、初めてのことであり、たいへんな衝撃でもあったはずです。渡辺は、まず、広沢真臣《さねおみ》や大久保利通《としみち》の日記を引いて、彼らの比較的、冷めた感想を紹介します。これでは、当時の日本人が受けた「衝撃」が伝わらないと見たのでしょう。最後に、幕末にアメリカに派遣され、現地で同じ光景を目撃した新見正興の「反応」を紹介しました。これを見ますと、読み手も、たしかに、当時の日本人からすれば、「夢か現《うつつ》か分らぬ」といった印象だったろうと実感するわけです。

筆者の渡辺修次郎は、幕末の安政二年（一八五五）に福山藩に生まれ、東京英語学校（第一高等学校の前身）を出たあと、大蔵省御用掛などを務めたようですが、詳しい経歴はわかりません。一八七八年（明治一一）に『近世名家伝』（青山堂）を上梓して以来、一九四四年（昭和一九）の『近世叢談』に至るまで、五〇冊以上の本を発表しています。『近世叢談』を出した時点で、九〇歳（数え）だったはずです。ちなみに、その没年は不詳です。

かなり特殊な引用法、『明治維新』から

一九四六年（昭和二一）六月に発行された、『明治維新』という本があります。戦後、最初に発行された岩波新書で（岩波新書赤版99）、著者は、歴史家の羽仁《はに》五郎（一九〇一～一九八三）です。そこには、かなり特殊な引用法が見られます。

たとえば、次のような文章を見てみましょう（一八～一九ページ）。ルビと〔 〕内の注は、すべて引用者が付けたものです。

文化年間の『世事見聞録』などを見ると、役人は遊女屋の楼主から多額の税や献金や賄賂をとり、売女の変死その他を穏便《おんびん》に始末し、「根津にては一ケ年に千両、谷中《やなか》も同じ、本所入江町なども千両以上といふ。尤もこれは定式の物成《ものなり》にて、不時の物入《ものいり》あるときは、これまたその時々に取立《とりたて》る、」これらの大金が悉く売られた女性の血と涙とによつてうまれた

顚末など、読むも胸つぶれる。そして「貧家の女子が父母の病気又は納税の不足等の難渋を救はんとて身を花柳の巷に沈めて自ら愧《はじ》るを知らざれば、世間にても之を怪まず却《かえっ》て孝子などと称す大間違《おおまちがい》。淫を売るは女子の芸に非《あら》ず、銭《ぜに》の為に尊き身を穢《けが》すはこれぞ所謂人《にん》非人《ぴにん》、自身発意《ほつい》すべからざるは勿論、父母の命にても断然これを拒《こば》むべきに、人倫を破つて身を汚し人身を禽獣にするは自ら辱《はずか》しむるのみならず父母に対しても不孝の極《きわみ》なるを、一種の美談とせる」が如きが、古来の事実であつた。* 三千年来、婦人の生くべき職業は売笑よりほかには認められて居ないかの如くであつた。** これらの悲惨の事実に対し、或は「男女同権は天理の倫なり」とし、或は人身は何人もこれを所有物視するをゆるさざるの理を明かにし、親も「子に対して求むる勿《なか》れ」とし、或は「道理に背く事はたとひ父母主人の指図《さしず》といへども従はざる方、当然の儀」たるを説き、「日本女性の鎖を解き」て、「日本国は婦人の地獄なり」の実情を脱すべきの思想があらわれ、一夫一婦の道徳が上下に承認されるに至つたのは、これまたほかでもない明治維新以来のことであつた。***

要するに、自分の文章の中に、他人の文章を、あたかも自分の文章の一部であるかのように組み入れて綴っていく方法です。

この引用法の場合、引用ごとに注番号、あるいは注記号を付し、あとから、一括して出典を明記するというのが一般的です。右の羽仁五郎の文章の場合、*、**、***に対応する出典は、注で、次のように説明されています。

* 福沢諭吉『道徳の進歩』、『福翁百余話』等。
** 中山太郎氏の名著『売笑三千年史』。
*** 『日本開化詩』、明治文化全集二十巻に収む。また福沢諭吉『日本婦人論』、『婦女孝行論』、『文字の教』、『福翁百話』等。

こうした引用法は、かなり高度なものと言えるでしょう。簡単にマネできるようなものではありません。今日では、あまり目にしなくなり、その意味では、「特殊」な引用法と言えるわけですが、ひとむかし前の論文などを見ていますと、ときどき、こうした引用法にぶつかることがあります。

引用文が理解できない場合は？

次に取り上げるのは、浅井清という公法学者が書いた「大政奉還と後藤象二郎の公議政体論」という論文[*30]の一部です。

この論文で浅井は、『寺村左膳手記』[*31]の慶応三年六月十八日（一八六七年七月一九日）の条を引いています。原文では、その箇所は、活字のポイントを落とした上、頭を一字下げて、地の文と区別しています。しかし、ここでは《　》によって、地の文と区別することにします。

ここで当時の京都の政情を一言する必要がある。このとき、将軍徳川慶喜は在京中で、朝幕の間に立つて周旋していた者は、薩藩の島津久光、宇和島藩の伊達宗城，福井藩の松平春嶽、土藩の山内容堂で、いずれも現職の藩主ではなかつた。当時これを「四藩」と称した。そうして武力討幕派は漸次その努力を増大し殊に薩藩に於ては、西郷隆盛、大久保利通の頭と共に、動もすれば公武合体より、武力討幕に一転しようとしていた。この切迫した中央政界へ、後藤象二郎は、武力討幕を否定する公議政治論を提げて出現したのであるから、土藩有司も、その成功を危んだのである。【中略】「寺村左膳手記」六月十八日の条下を見ると、同日後藤は、寺村左膳、福岡孝弟、神山郡廉の三人が、薩藩が既に武力討幕に走ろうとする旨を説き、後藤の方策の成功を危ぶんだに対し、大いに自説を主張し、

三人が始めてこれに服したことを左の如く記している。

《象二郎之ヲ聞キ憤然突起シテ曰ソモソモ大藩ノ任タルヤ皇国危急存亡ノ時ニ当テハ天地間ノ大条理ヲ以テ外国ニ対スルヲ急務トス何ソヤ禍害ヲ粛墻ノ中ニ求メテ私闘ヲ為シ外夷ノ術中ニオチ入ルヘケンヤ今薩ヲ説クニ大条理ヲ以テセンニ聞カサル事不可有聞ク時ハ倶ニ力ヲ戮シテ皇国ノ危急ヲ救ハン不聞時ハ絶行シテ可也期未遅傍観坐視ノ時ニアラスト余輩三人其ノ説ニ服シ倶ニ言ヲ発ントス》

即ちこの六月十八日頃に、始めて在京有司を説得したのである。……

浅井清は、ここで、「公議政治論の立場に立つ後藤象二郎が、土佐藩在京有司三名の説得に成功したのは、六月十八日頃のことであった」と記し、「注」で、「『寺村左膳手記』慶応三年六月十八日の条、参照」などとすることもできたはずです。[*32]

30＊『慶応義塾創立百年記念論文集』「第一部　法律学関係」（慶応義塾大学法学部、一九五八）所収。この論文については、第19講で、もう一度、取り上げる。

31＊「寺村左膳手記」は、日本史籍協会編『維新日乗纂輯　第三』（日本史籍協会、一九二六）に収録されている。なお、浅井清は、『維新日乗纂輯』から、「寺村左膳手記」を引いていると思われるが、『維新日乗纂輯』にあるものとは、細かい点で差異がある。

32＊注31に示したように、『寺村左膳手記』は、すでに公刊されていた。

しかし、浅井は、ここで、あえて、「寺村左膳手記」を引用したのだと思います。おそらくそれは、浅井が、この日の「説得成功」は、日本の歴史の上で重要な出来事だったと認識していたからだと思います。また、この日、後藤象二郎が、寺村左膳以下三名をどういうふうに説得したのかを、読者に示しておきたいという気持ちもあったのでしょう。

この論文を読もうとする者は、プロであろうと初心者であろうと、引用されている『寺村左膳手記』を読み飛ばすことなく、これをシッカリと読み、正確に理解しなければなりません。引用文もまた、論文の一部なのです。

そうは申しましても、ここで引用されている文章は、漢文体のカタカナ文で、句読点も濁点もありません。今では使わないような言葉も混ざっています。読者にとっては、いかにも読み飛ばしたくなるような文章です。

しかし、これもまた「日本語」であることに変わりはありません。しかも、寺村左膳の文章は、きわめてスジが通った明晰なものです。辞書などの助けを借りれば、必ず読解できます。最初は時間が掛かるかもしれませんが、何度か、こういった文章に接しているうちに、読解力が向上し、速く読めるようになります。

参考までに、《　》の現代語訳（拙訳）を示しておきます。

《後藤象二郎は、これを聞き、憤然として立ち上がって〔突起シテ〕言った。そもそも大藩

の任務たるや、皇国が危急存亡の時に当たっては天地の間の大条理を以て外国に対することを急務とする。災難を内輪〔粛墻〕に求めて私闘し、外国人〔外夷〕の術策に陥るようなことがあってよいのか。いま、大条理を以て薩藩を説得すれば、これを聞き入れないということがあるはずはない。もし聞き入れるときは、ともに力を合わせて〔倶ニ力ヲ戮シテ〕[*33]、皇国の危急を救おう。もし聞き入れないときは、絶交〔絶行〕してもよい。時期はまだ遅くない。傍観、座視しているときではない。私たち三人は、後藤の説くところに服し、後藤といっしょに発言してゆくつもりである。》

やってはいけない引用法

引用について述べたついでに、「適切でない引用」というものにも、触れておきたいと思います。書物や論文の書き手の多くは、自分の書物や論文の水準を保つために、一方で、読み手の読みやすさも意識しながら、適切な引用をおこなうように努めているはずです（もちろん、この本もそうです）。しかし、書物や論文によっては、適切でない引用がなされていることもあります。

以下、箇条で、適切でない引用の例を挙げてみます。

33＊「戮シテ」は、「勠シテ」に当てた用法。読みは、たぶん、「りくして」。意味は、「合わせて」。

①地の文と引用文との区分がハッキリしない

どこまでが地の文で、どこからが引用文なのかを、ハッキリさせるというのは、文章を書く上で最低限のルールです。しかし、この最低限のルールが守られていない文献も存在します。これには、書き手に「地の文と引用文とを区別する」という意識が、そもそも欠けている場合、あるいは、区別する意識はあるが、それを書き分ける方法を知らない場合、このふたつの場合が考えられます。

②引用が長すぎる、あるいは引用の回数が多すぎる

二〜三ページにわたって引用が続く、やたらに引用回数が多い、などの文献は、例外的な場合を除いて、問題があると言えるでしょう。

③引用文の出典が明記されていない

引用文の出典が示されていない文献、示されてはいるが、書名などが正確でないなどの文献も問題です。原本にあたって確認しようとしても、それができないからです。

④問題があるテキストから引用をおこなっている

問題のあるテキスト、信頼性に欠けるテキストから引用をおこないますと、その書物や論文もまた、信頼を失います。なお、「問題がある」と見られているテキストを再評価し、その上で、これを引用することはありえます。この場合は、そのテキストを再評価しようとする論拠を、キチンと示しておかなければなりません。

⑤恣意的な引用をおこなっている

そのテキストにおける脈絡を無視し、自分の主張にとって都合のよい部分を、自分にとって都合のよいように引用するのは問題です。引用に際して、文章を勝手に変えることは、もちろん許されません。

ザッと、こんなところでしょうか。皆さんが書物や論文を読まれていて、以上のような印象を抱かれた場合は、その書物や論文の信頼性を疑うべきだと思います。ただし、簡単に結論を出すことは避け、前後の文脈を読む、出典に当たるなど、よく検討してみてください。

なお、右の①~⑤は、皆さんが書物や論文を書く立場にまわられた際に、陥りかねない点ですので、そのことも、心にとめておいてください。

第8講 「史料」を批判的に読む

歴史を研究する上で、手がかりになる材料を、「史料」と言います（史料については、すでに、第4講のはじめのところで述べています）。

史料には、信頼性の高いものもあれば、あまり信頼がおけないものもあります。意図的に作られたニセの文書（偽文書）が、史料として流通していることもあります。ですから、私たち歴史の研究者は、プロ・アマを問わず、史料を選ぶ場合には、その信頼性に注意を払う必要があります。また、選んだ史料を読む場合にも、極力、それを批判的に読むようにしたいものです。

「緑十字機事件」と浜松憲兵分隊長

二〇一六年の終わりごろ、私は、某古書店の古書目録に、上原文雄著『ある憲兵の一生――「秘録浜松憲兵隊長の手記」』（三崎書房、一九七二）があるのを見つけ、さっそく注文しました。この本の著者が、「緑十字機」不時着事件に関与したことを知っていたからです（「緑十字機事件」については、すでに、本書第2講の「独学者でも学問に貢献できる」の節で紹介しています)。

「緑十字機」は　敗戦直後の一九四五年(昭和二〇)八月二〇日の深夜、静岡県磐田郡磐田町(現・磐田市)の鮫島海岸に不時着しました。このとき、この不時着事件に対処した関係者のひとりが、当時、浜松憲兵分隊長だった上原文雄憲兵大尉でした。『ある憲兵の一生』には、当然、その事件のことが出てきます。

ここは、論述の都合上、関係の箇所すべてを引用せざるをえません。やや長くなりますが、ご諒解ください。

日本降伏特使機の不時着

八月十八日の夕刻であったと記憶する。飛行場司令部から電話があって

「川辺虎四郎中将以下の降伏特使の飛行機か《ママ》浜松海岸に不時着し、只今から救援に赴くから憲兵も同乗して行ってほしい」ということであった。

飛行隊から差廻しの大型自動車で不時着地点に急行すると、操縦者の須藤海軍大尉が駈けよって来て、フィリッピンから台北に来て、

「台北飛行場で給油し木更津に向う途中、どうしたわけか、燃料が切れたので、浜松飛行場に着陸しようと方向を変えたが、海岸線に着いたところで燃料が尽きたので、安全の場所と思って沼地を探して着陸したが、藺草《いぐさ》田の上で幸い飛行機の損傷も軽く、全員生命に

異状なく、あそこに集まっている」

という。機体のそばに行くと、川辺中将のほか陸海軍将校数名と、背広姿の通訳が一名居り、通訳官は着陸の振動で額に軽い裂傷を負って仮包帯の白い鉢巻きをしていた。

そこで一行を飛行隊のバスに収容して、浜松飛行学校跡の将校宿舎に輸送して休息してもらい、負傷の手当や食事をとってもらったが、何よりも早くこの事を中央に知らせなければならない。

須藤大尉と私は、直ちに浜松中央電話局に自動車で飛び、宿直員を起して東京へ電話を継ぐことを依頼した。

ところが逓信線の東海道線は故障中、富山か長野経由なら通じるという。

「とにかく一刻も早く通じる方を」

というわけで、やっと通じたので、須藤大尉は海軍省にこの事故の状況を報告し、明朝浜松飛行場まで出迎えの飛行機を要求した。特使から陛下のお耳にも達するよう、侍従武官室にも知らせてほしいとのことで、宮内省を呼んでもらった。宮内省に侍従武官室を呼んでほしいと言うと、何かごたごたしていてしばらく時間がかかった。最初に軍人らしい声で、

「侍従武官に何の用事ですか?」

と問うので、これは宮内省内もまだ混乱しているなと直感し、

「私は浜松の憲兵分隊長上原大尉であるが、川辺中将から侍従武官長を経て上聞に達しなければならない用件があるので、侍従武官室に取次いでほしい」

と言うと又暫らくごたごたしていたが、

「侍従武官室のものですが」

と重味のある声がしたので

「本夕、川辺中将の一行が、フィリッピンからの帰途、浜松海岸に不時着したが、一行は全員無事であることを陛下に言上してほしいと、川辺特使の伝言であります」

と告げた。更に陸軍省にもと、何回も呼んでもらったが陸軍省が出ないというので、憲兵司令部を呼んで貰って、当直将校にこの趣きを告げ、陸軍省にも報告してほしいと依頼し、再び飛行隊に戻って電話の旨を復命した。

特使一行は寝ることなく、降伏文書の翻訳中であった。憲兵も徹夜警護にあたることにした。

小用の為に出て来た随行の中佐に、お茶を出して降伏条件を聞いてみた。

「想像以上に厳しいものであるぞ、月末には占領軍が三浦半島に上陸する」

と話してくれた。

翌朝になっても東京から何の返信もない。飛行隊幹部と一行と打合せの結果、三国から戻って来ていた輸送機が一機あり、それが整備も完全であるというので、立川まで空輸す

ることに決まった。操縦者は宇野少佐である。宇野少佐は緊張した顔で機上の人となって、飛行場司令と私に

「それでは行って参ります」

とあいさつして飛び立った。飛び立つと間もなく東京方面から輸送機一機が飛来したが、宇野機の発航を見て、宇野機を護るように二機並んで東の空へ去った。

上原文雄さんは、当事者として、この事件に立ち会っています。ですから、この文章は、かなり貴重な史料であることは間違いありません。しかしこれは、あとになって、記憶によって綴った「回想」です。[*34] 上原さんは、すぐれた記憶力をお持ちの方だったようですが、やはり記憶には限界があります。こうした回想は、どうしても、批判的に読んでいく必要があるわけです。

著者の回想を「校訂」しながら読む

そうは言っても、当事者の回想を「批判的に」読むというのは、簡単なことではありません。上原文雄さんの回想に問題点があったとしても、「緑十字機」ないし「緑十字機不時着事件」に詳しくない場合、その問題点を指摘することは、ほとんど不可能です。

しかし、もし、あなたが、戦中の歴史に関心を持っておられる場合、上原さんの回想に

出てくる「川辺虎四郎中将」というのは、「河辺虎四郎中将」の間違いだと、お気づきになるでしょう。同様に、もしあなたが、緑十字機＝降伏特使機について、ある程度の予備知識をお持ちの場合、上原さんの回想にある、「フィリッピンから台北に来て」、「台北飛行場で給油し」などの記述が正確でないことに気づかれるはずです。

もともと私は、この「緑十字機＝降伏特使機」について、ほとんど何の予備知識も持っていませんでした。たまたま、二〇一六年の八月一四日、テレビ朝日で、「緑十字機　決死の飛行」という番組を見まして、「緑十字機」ないし「緑十字機不時着事件」に関心を抱きました。

その番組には、ゲストとして、岡部英一さんという郷土史家が登場していました。岡部さんは、手に、『緑十字機の記録』という著書を持っておられました。「そうか、この番組は、岡部さんの著書をもとに作られたのか」と思って、さっそく、その本を入手しました。

さて、この本の第三章「資料（回想録、証言集）」には、上原文雄著『ある憲兵の一生』が紹介され、先ほど引用した箇所が、ほぼそのまま転載されていました。これを読んで私は、『ある憲兵の一生』という本にも興味を持ちました。古書目録に、この書名を見つけ、

34＊　上原憲兵大尉は、当時、この事件について、公的な記録を作成したはずだが、これは、連合国の「進駐」を前に、ほかの記録とともに焼却された可能性が高い。

すぐに注文したのは、そういうわけでした。

この本の著者である上原文雄さんは、憲兵として、浜口首相狙撃事件（一九三〇年一一月）、五・一五事件（一九三二年五月）、近衛密使事件（一九三七年七月）、浜松市大空襲（一九四五年六月）、日本降伏特使機の不時着（一九四五年八月）、連合軍捕虜の引渡し（一九四五年九月）などの事件に関与してきました。この本は、その上原文雄さんの回想録ですから、読んで興味深いだけでなく、「史料」としての価値も高いと言えるでしょう。

ただし、「日本降伏特使機の不時着」の記述に関しては、先ほども述べましたように、信頼性に、やや問題があり、批判的に読む必要があります。以下、先ほどの文章を、再度、引用しながら、問題となる箇所を指摘していきましょう。〔　〕内は、礫川の補注です。

日本降伏特使機の不時着

八月十八日の夕刻〔正しくは、八月二〇日夜〕であったと記憶する。飛行場司令部から電話があって

「川辺虎四郎〔河辺虎四郎《かわべとらしろう》の誤記、以下、注記しない〕中将以下の降伏特使の飛行機が浜松海岸〔『緑十字機の記録』では「鮫島海岸」と表記、以下、注記しない〕に不時着し、只今から救援に赴くから憲兵も同乗して行ってほしい」ということであった。

飛行隊から差廻しの大型自動車で不時着地点に急行すると、操縦者〔横須賀航空隊、一番

機主操〕の須藤〔伝《つたえ》〕海軍大尉が駈けよって来て、フィリッピンから台北〔伊江島〕に来て、「台北飛行場で給油し〔正しくは、伊江島で、給油済の緑十字機に乗り換え〕木更津に向う途中、どうしたわけか、燃料が切れたので、浜松飛行場に着陸しようと方向を変えたが、海岸線に着いたところで燃料が尽きたので、安全の場所と思って沼地を探して着陸したが、藺草《いぐさ》田の上で〔正しくは、砂浜の波打ち際で〕幸い飛行機の損傷も軽く、全員生命に異状なく、あそこに集まっている」

という。機体のそばに行くと、川辺中将のほか陸海軍将校数名と、背広姿の通訳〔外務省調査局長の岡崎勝男〕が一名居り、通訳官は着陸の振動で額に軽い裂傷を負って仮包帯の白い鉢巻きをしていた。

そこで一行を飛行隊のバスに収容して、浜松飛行学校跡〔浜松陸軍飛行学校は、一九四四年六月に閉鎖されていた〕の将校宿舎に輸送して休息してもらい、負傷の手当や食事をとってもらったが、何よりも早くこの事を中央に知らせなければならない。

須藤大尉と私は、直ちに浜松中央電話局に自動車で飛び、宿直員を起して東京へ電話を継ぐことを依頼した。

ところが通信線の東海道線は故障中、富山か長野経由なら通じるという。

「とにかく一刻も早く通じる方を」

というわけで、やっと通じたので、須藤大尉は海軍省にこの事故の状況を報告し、明朝浜松飛行場まで出迎えの飛行機を要求した。特使から陛下のお耳にも達するよう、侍従武官室にも知らせてほしいとのことで、宮内省を呼んでもらった。宮内省に侍従武官室を呼んでほしいと言うと、何かごたごたしていてしばらく時間がかかった。最初に軍人らしい声で、

「侍従武官に何の用事ですか?」

と問うので、これは宮内省内もまだ混乱しているなと直感し、

「私は浜松の憲兵分隊長上原大尉であるが、川辺中将から侍従武官長を経て上聞《じょうぶん》に達しなければならない用件があるので、侍従武官室に取次いでほしい」

と言うと又暫らくごたごたしていたが、

「侍従武官室のものですが」

と重味のある声がしたので

「本夕、川辺中将の一行が、フィリッピンからの帰途、浜松海岸に不時着したが、一行は全員無事であることを陛下に言上してほしいと、川辺特使の伝言であります」

と告げた。更に陸軍省にもと、何回も呼んでもらったが陸軍省が出ないというので、憲兵司令部を呼んで貰って、当直将校にこの趣きを告げ、陸軍省にも報告してほしいと依頼し、再び飛行隊に戻って電話の旨を復命した。

特使一行は寝ることなく、降伏文書の翻訳中であった。憲兵も徹夜警護にあたることに

した。

小用の為に出て来た随行の中佐〔軍令部航空班長・寺井義守《よしもり》海軍中佐〕に、お茶を出して降伏条件を聞いてみた。

「想像以上に厳しいものであるぞ、月末には占領軍が三浦半島に上陸する」

と話してくれた。

翌朝になっても東京から何の返信もない。飛行隊幹部と一行と打合せの結果、三国《みくに》から〔正しくは、富山から〕戻って来ていた輸送機が一機あり〔陸軍の四式重爆撃機「飛龍」〕、それが整備も完全である〔正しくは、小故障しているが、修理をすれば飛行可能である〕というので、立川まで〔正しくは、調布飛行場まで〕空輸することに決まった。操縦者は宇野少佐である。宇野少佐は緊張した顔で機上の人となって、飛行場司令と私〔上原文雄〕に
「それでは行って参ります」

とあいさつして飛び立った。飛び立つと間もなく東京方面から輸送機一機が飛来したが、宇野機の発航を見て、宇野機を護るように二機並んで東の空へ去った。


以上の訂正と注釈は、岡部英一さんの『緑十字機の記録』、およびウィキペディアの関連記事に基づいておこないました。このように、史料を読む場合には、極力、それを批判的に読む、別の言い方をすれば、「校訂」をおこなうつもりで読むべきです。そうするこ

とによって、そのままでは十全ではない史料も、有力な情報を含む貴重な史料としてよみがえるのです。

史料から重要な情報を読み取る

ところで、岡部英一さんは、『緑十字機の記録』で、上原文雄さんの文章を引用したあと、これに、三つのコメントを付しています。ひとつ目は、文章の出典に関するコメント、ふたつ目は、文章の随所に「記憶違い」があるというコメントですが、三番目に次のようなコメントがあります。

> 須藤大尉が、八月二十一日午前四時ごろ海軍省へ電話を入れ、連合軍先遣隊が八月二十六日厚木に進駐するとの第一報を入れた事を裏付ける、重要な文書です。この第一報を受けて、海軍は二十一日朝に小園大佐を拘束し、厚木基地の反乱は収束に向かいます。

これは、重要なコメントです。岡部さんは、上原文雄さんに記憶違いがあると指摘する一方、その文章に重要な情報が含まれていることを見逃していません。その重要な情報とは、上原さんの文章のうち、下線を引いた箇所、すなわち、「須藤大尉は海軍省にこの事故の状況を報告し」というところです。

このとき、須藤伝大尉は、海軍省に事故の状況を報告すると同時に、当然、マニラでの協議の結果、特に「進駐」の日程について、第一報を入れたはずです。政府中枢が待っていたのは、まさにこの情報だったのです。岡部さんは、上原さんの「須藤大尉は海軍省にこの事故の状況を報告し」という一文から、須藤大尉が「第一報」を入れたことを読み取り、そうした上で、上原さんこの回想録を、「重要な文書」と位置づけたのです。敬服すべき「読み」です。

ちなみに、岡部さんのコメントにあった「厚木基地の反乱」というのは、「厚木基地事件」とも言い、厚木航空隊（第三〇二海軍航空隊）が、八月一五日以降、徹底抗戦を主張して戦闘体制に入った事件を指します。また、「小園大佐」というのは、この反乱の中心人物、小園安名《こぞのやすな》大佐のことです。

岡部さんの「読み」を見習って、私も、上原文雄さんの文章を読みこんでみました。先ほどの下線部「須藤大尉は海軍省にこの事故の状況を報告し」から、私は、上原憲兵大尉は、須藤伝大尉の電話の内容を把握していないと判断しました。おそらく、須藤大尉は、情報漏洩を恐れ、「人払い」をした上で、海軍省に電話連絡をおこなったのだと思います。

そこで、上原憲兵大尉は、小用に出てきた寺井義守海軍中佐にお茶を出し、「降伏条件」を尋ねます。そして、「月末には占領軍が三浦半島に上陸する」という情報を引き出しました。問うほうも問うほうですが、答えるほうも答えるほうです。特に、寺井海軍中佐には、「情報管理」という発想が、決定的に欠けていたと言わざるをえません。

いずれにしても、史料の価値というものは、読み手の「読み」（読む力、読み取り、読み込み）に左右されるところがあります。いろいろな史料に当たりながら、また、それらを丁寧に読んでいきながら、史料を「読む力」の向上を図りたいものです。

第9講 隠されたメッセージを読み取る

書物あるいは論文には、時として「隠されたメッセージ」が含まれていることがあります。そうしたメッセージは、表面的には明瞭ではありません。執筆者は、秘かに、あるいは非常に遠まわしな表現で、何らかのメッセージを発しようとしているのです。そのメッセージの多くは、「時勢」に関わるものです。

このメッセージを読み取るのには、ちょっとしたコツがありますが、特に難しいことではありません。以下に、いくつかの例をお示ししますので、それらから、「コツ」をつかんでいただければ幸いです。

『史疑徳川家康事蹟』のメッセージ

明治中期の史論『史疑徳川家康事蹟』に、隠されたメッセージを見出したことについては、第3講の〝私が「在野史家」を名乗るまで〟の節で、少し触れました。私が最初、その「隠されたメッセージ」に気づいたのは、たとえば、同書二六ページにある、次のような記述でした。

> 明治維新は、年代相距ること三百年にして、変転の猛烈なりしこと、復た前期に譲らず、幕府麾下の士は勿論、各藩士の上班にありしもの丶、流離困阨の情状は、吾人が屡次目撃するところなり。而して往時藐視せられ、奴隷視せられたるものにして、堂々朝廷の上に立て、長裾を拖き、峨冠を戴くもの甚だ夥し、豈大勢と云はざるを得むや、這の大勢の推転は、猶ほ未だ底止せず、往時社会の水平下に生存したるもの丶子にして、一朝擢用せられ、廟廊の上に翺翔し、富貴寵栄を極むる日の到るべきこと期して待つべし。

原文には、ルビがありません。ここでも、あえてルビを振りませんでした。やたら難解な文章ですが、これがクセモノなのです。

この『史疑徳川家康事蹟』という本は、徳川家康の「事蹟」についての考証であるかに見せながら、実は、政権交代のメカニズムを論じようとした本でした。しかもここで、著者の村岡素一郎は、「貴賤交替論」という独自の史観を持ち出し、日本の政治においては、三〇〇年ごとに、「貴」と「賤」が入れ替わる、明治維新もその例外ではない、と指摘したのです。

さて、右の引用を見ますと、「往時藐視《びょうし》せられ、奴隷視せられたるものにして、堂々朝廷の上に立て、長裾を拖《ひ》き、峨冠《がかん》を戴くもの甚だ夥《おびただ》し」（以前、蔑視され、奴隷視された人々で、堂々と朝廷の上に立ち、長裾をひき、冠を戴くものが甚だ多い）と述べています。要するに、今日の明治政府の高官に、「賤」出身とされたものが多いと言っているわけです。

村岡素一郎は、これ以上は言いません。しかし、ここまで言えば、村岡が「高官」として、たとえば誰をイメージしているかは、当時の知識人であれば、ほぼ察しがついたと思います。これが隠されたメッセージなのです。

『史疑 幻の家康論』で私は、その「高官」として、伊藤博文、山県有朋のふたりを挙げました。このふたりは、ともに長州藩の「中間《ちゅうげん》」の出身です。一般的に、中間は「軽輩」、または「卒」といって、武士の下に位置する身分でした。もちろん、武士ではありません。

『十訓抄』と閉塞された時代の文学者

岩波文庫版『十訓抄』が刊行されたのは、戦中の一九四二年（昭和一七）九月のことでした。★三つ、定価六〇銭、発行部数は一万三千部。校訂と解説を担当したのは、国文学者の永積安明《ながづみやすあき》（一九〇八〜一九九五）です。

巻末の「解説」によれば、「十訓抄」の読みは、「ジックウンセウ」です。「解説」は九ページ分ありますが、その最後のパラグラフを引用してみます。

> だから十訓抄のわれわれにとつての興味は、当然著者の意図したまゝの「教訓」・処世法

にあるのではない。転形期の智識人が、時代の閉塞を感じた場合、その対決を避けることが如何に困難であり、又結局無意味なものであるかを、この書がおのづから語つてゐる点にあるのである。又文学が教化に仕へるといふことは、文学そのものの逞しさによるほかには道なく、さういふ原則を無視して、たゞ単に文学の形をかりて教化の具に供するといふことは、反対に文学を不具にすることによつて、結局本来的な教化と精神の作興とに資しえないであらうといふことをも、本書の読者は十分に注目するであらう。かうして十訓抄は今日なほ教訓的である。

非常に「含み」の多い文章です。私の読み方に誤りがなければ、『十訓抄』という本に対する永積安明の評価は、高いものではありません。

『十訓抄』の編者は不詳とされていますが、永積はこの編者を、鎌倉幕府に奉仕した京都在住の入道翁と捉えています。そして、「智識人」である編者は、その立場ゆえに、時代の閉塞の現状との対決を避けることができず、結局、説話という文学を「教化の具」とする以外なかった——永積は、『十訓抄』とその編者を、このように捉えたのです。

なぜ、永積安明は、『十訓抄』の解説で、同書とその編者に対して、そのように厳しい評価を加えたのでしょうか。

ここからは、私の見立てですが、永積は、『十訓抄』とその編者について論評するという形で、実は、戦中の（この文庫版刊行時の）「文学と文学者」に対して論評を加えているのです。

「たゞ単に文学の形をかりて〔文学を〕教化の具に供するといふことは、反対に文学を不具にすることによつて、結局〔文学は〕本来的な教化と精神の作興とに資しえないであらう」——これは、戦中の文学と文学者に対する酷評なのです。すなわち、これが、『十訓抄』解説に籠められた、永積の「隠されたメッセージ」ということになります。

白川静、殷王朝の崩壊を論ずる

漢文学者・東洋学者として知られる白川静《しらかわしずか》（一九一〇〜二〇〇六）の初期の論文に、「卜辞の本質」と題するものがあります。『立命館文学』の第六二号（一九四八年一月）に載っています。同誌の同号は、本文、わずか六四ページ、そのうち、白川論文は、二三ページ分を占めています。ちなみに、当時の白川静の肩書は、立命館専門学校教授です。

白川論文は、きわめて専門的なものです。まず、少しだけ、引用してみます。ルビ、注は、すべて引用者によるものです。

> 卜辞《ぼくじ》的世界は、まことに王者が一切を知られざる神の啓示に俟《ま》つところの素樸《そぼく》なる世界ではない。王はすでに現実的な権威としてあらゆるものに君臨してゐる。神意を啓示すべ

き亀卜《きぼく》さへもが、王の権威を支へ、その志向に従ふべきものとされてゐる。

このあと、白川は、殷代における「貞卜」形式の変遷を、第一期から第五期まで、全五期に分けて概説します。第五期の説明は、次の通りです。

第五期の帝乙《ていいつ》〔殷朝二九代〕帝辛〔三〇代〕期、すなはち殷王朝の最末期に至ると、王親卜の形式が現はれる。この期においても干支貞形式のものもあり、また貞人として黄冰《ひょう》の二人の名が知られてゐるけれども、王親卜の形式はすでに支配的である。現実的な世界と、宗教的な世界とが、国家のより強い統一性への要求に応じて、ここに王の絶対性は揺ぎなきものとなつた。侯家荘《こうかそう》の遺跡からは第四期第五期の卜辞が最も多量に出土してゐるが、ここに造営された壮大な古陵墓は、当代における王権の著しい伸張を示すものと考へてよいであらう。

殷王朝の第五期、つまり最末期に至って、王がみずから貞卜する形式（親卜）があらわれたことを、白川は強調しています。

読者の皆さんに注目していただきたいのは、実は、このあとです。白川は、以上のようなことを説き来ったのち、この論文を、次のように締めくくりました。

> 殷の王朝は帝辛〔紂〕を最後の王として崩壊した。それは歴史時代の諸王朝の滅亡とは大いにその様相を異にしてゐたやうである。殷はその最末期において、王権の伸張その極に達してゐたと思はれる。第四期第五期の卜辞内容は、この期の王者がしきりに盛大な田《でん》猟《りょう》を試み、あるひは遠く征師を起して諸方を征伐してゐるが、殷王朝の崩壊は実に王権がその頂点に達したとき突如として捲き起されたのであつた。それは社会史的政治史的に興味のある課題であるが、より多く精神史的興味を誘ふ。卜辞は単に貞卜行為の残滓《ざんし》たるものでなく、そこには精神史的な意味が包まれてゐるのである。紂〔帝辛〕は周の武王との一戦に破れ、自ら焚死したと伝へられる。殷王朝の急激な瓦解は、古代的神政国家の終焉を意味するものであつた。卜辞において表象されてゐた現実的権威と宗教的権威との古代的統一の世界も、遥かな歴史の彼方に姿を消した。かくして新たに理性的国家、政治的国家としての周王朝が興起する。卜辞の表象する世界は、実に古代的神政国家、古代的帝王の存在性格そのものに外ならなかつたのである。
>
> 昭・二〇・五稿・昭二二・一一補

末尾の日付を見ますと、白川静は、この論文を、敗戦の数か月前に脱稿し、その後、二年以上経ってから（二年以上かけて）、これを補訂しています。想像するに、この論文の最後の段落は、この「補訂」の際に、付け加えられたのではないでしょうか。

この間、白川静は、大日本帝国の崩壊を、目のあたりにしています。

大日本帝国は、その最末期において、皇権の伸張その極に達していました。大日本帝国は、遠く征師（征服戦争）を起して諸方を征伐しましたが、その崩壊は、実に皇権がその頂点に達したときに、突如として捲き起されました。大日本帝国の急激な瓦解は、神政国家の終焉を意味するものでした。現実的権威と宗教的権威の統一体としての大日本帝国は、遥かな歴史の彼方に姿を消しました。

つまり白川は、論文の最後の段落において、殷王朝の崩壊と大日本帝国の崩壊とをダブらせています。殷王朝の崩壊を論ずるかに見せながら、実は、大日本帝国の崩壊を論じているのです。これが「隠されたメッセージ」です。

私が、白川論文が載った『立命館文学』を入手したのは、たしか二〇一二年のはじめのことでした。まず白川論文を読み、一驚しました。やはり白川静は、ただの漢文学者ではなかったという感想を持ちました。

第10講 伏せられたものには伏せられた理由がある

前講は、「隠されたメッセージ」のお話でしたが、本講は「伏せられた字句」のお話です。戦前・戦中の本には、文章中の文句が、「××」や「○○」といった形で伏せられているものがあります。これを「伏字《ふせじ》」と言います。伏字になっている事情は、一様ではないと思いますが、当局による発禁（風俗壊乱、安寧秩序妨害）を恐れて、検閲の際に問題になりそうな表現を最初から伏せておくケースが多いようです。

いずれにしても、読んでいる本に伏字があると、非常に気になります。いったい、ここには、どういう言葉があったのか、なぜ、この言葉を伏せなければならなかったのか――。つまり、伏字というものは、好奇心や探究心を、妙に刺激するところがあります。

皆さんも、これから、いろいろな文献を参照していくうちに、そうした伏字を発見されることがあるでしょう。その場合には、これをそのまま読み進めるのではなく、その伏字のところで立ち止まり、その伏字の意味について探究してみてください。そうした「探究」によって、意外なことが見えてくることがあります。

以下では、伏字について私が探求した事例を、ひとつだけ紹介してみます。ただし、その一例の説明が、少しくどくなるかもしれません。また、少し引用が多くなるかもしれません。なるべく、簡潔な説明になるように努めますので、よろしく、お付き合いください。

改造文庫版『懐往事談』の伏字

以前、福地桜痴《ふくちおうち》（一八四一～一九〇六）の『懐往事談』を、改造文庫版で読んだことがあります。そのとき、あまりに伏字が多いことに驚きました。同時に、いささか不審の念を抱きました。たとえば、次のページに示すような感じです。

福地の『懐往事談』は、一八九四年（明治二七）四月に、民友社から刊行されています。改造文庫版の『懐往事談』は、これを底本として復刊したもので、一九四一年（昭和一六）六月に初版が出ています。礫川が持っているのは、一九四二年一月に出た、その「十一版」です。民友社のオリジナル版は、今日、国立国会図書館のデジタルコレクションを利用すれば、自宅からでも容易に閲覧できます。[*35]

デジタルコレクションによって、民友

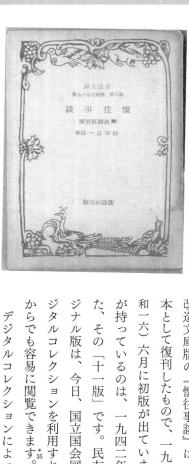

96

りと云はざる可からず。安藤は才略に富たれども左る非常の断案を呈出し百難を冒しても必らず之を實施し得べき膽氣の人には非らず。但し……と云ふ詞は川路などが京都の鎖攘論に苦しめられて屈託の餘りに……………………取調ぶる外に道が有まいなどゝ云て一時の憤懣を漏したる談柄に過ぎざりしのみ。其後幕府にても外國處置評議の席にて策竭て窮せる際には時として夫では…………と笑語したる事もありき。余は卿の知らるゝ如く隨分君臣の禮節を嚴にする氣風にて既に此通り（と床の間の側の地袋棚を明て見せて）禁裏より下し賜はつたる位記口宣の御書は大切に箱に納めて此棚に置き其掃除は決して妻子にも委ねず沐浴して自から是を成す位の漢なれば……粗言は其座に列なりても曾て吐たる事はなし（と肅然として座を正して余に向ひ）併し今日に至りては余は眞面目を以て…………………申すなり。其故如何と云はんに、幕府の官吏には勿論是迄に多少の過あるに相違なけれども國内の論難を排して幕議を定め余が如き不肖の身を顧みずして條約の全權を受け外國公使と幾多の談判を重ね和親貿易の條約を結びたるは何の爲ぞ、我大日本帝國を安全に保たんが爲に非ずや。…………

……

…………………………………………………………………………………（以下一頁削除）

社版を閲覧しますと、そこには伏字がありません。改造文庫版にある伏字は、文庫版が出た時点での配慮からなされた措置であることがわかります。明治の中期においては、何ら問題がなかった表現が、昭和の戦中期には、出版側にとって、「伏せる必要」を感じさせるものに変わっていたということです。これは、何か意味があるのではないか、という「勘」が働きます。

最初にまず、改造文庫版で「伏字」になっている箇所を確認しておきましょう。

安藤信正と「廃帝論」

改造文庫版『懐往事談』にある伏字のうち、最も注目に値するのは、「第十　水野筑州の談話」のところです。文久三年（一八六三）の初めころと推測されますが、福地桜痴は、外国奉行を辞めて隠居中だった水野忠徳《ただのり》*36を訪ねました。「水野筑州の談話」は、そのとき、水野が福地に語った話を紹介しています。

まず、次の文章を見てみましょう（九五〜九六ページ）。ルビは、引用者によるものです。

> 水野は又慨然として云く安藤閣老が罰せられたるは敢て其誤《あやまり》なきに非《あら》ず彼人《あのひと》は宰相たるに十分なる器量あるだけに又罪過なきに非ざりしなり。然れども……を以て彼を罪したるは寃《えん》なりと云はざる可からず。安藤は才略に富《とみ》たれども左《さ》る非常の断案を呈出し百難

を冒しても必らず之を実施し得《う》べき胆気《たんき》の人には非らず。

途中、三文字分「………」が、伏字になっています。ここで、伏せられている言葉は、「廃帝論」です。

原文は、文体や用語が古いので、これを現代風に直しておきましょう。その際、伏字も起しておきます。

水野忠徳は、また、なげくように言った。老中《ろうじゅう》の安藤信正《のぶまさ》が罰せられたことは、特に誤りがなかったというわけではない。あの人は、宰相たるに十分な力量を持っていただけに、また、罪過がなかったわけではない。しかし、**廃帝論**を理由に彼を罰したのは、ヌレギヌと言わざるをえない。安藤は才略に富んでいたが、そんな極端な決定案を提出し、あらゆる障害を克服しても、必ずこれを実現してしまう強気の人ではない。

35＊　国立国会図書館に架蔵されている民友社版は、初版ではなく、一八九七年（明治三〇）に出た「四版」である。

36＊　水野忠徳（一八一〇～一八六八）は、幕末期の幕臣。浦賀奉行、長崎奉行、外国奉行などを歴任。号は癡雲《ちうん》。水野筑州という呼称は、官名の筑後守《ちくごのかみ》に由来する。

ここで、福地桜痴は、水野の言葉を引きながら、老中・安藤信正が失脚した理由のひとつに（あるいは、理由の筆頭に）、彼の「廃帝論」があったことを示唆しています（ただし、これを水野は冤罪としています）。安藤老中は、文久二年（一八六二）一月に、水戸浪士の襲撃を受けて負傷します。このとき、背中に傷を受けたことで、「武士の風上にも置けない」と非難されました。このほか、いくつかの理由によって、同年四月、老中を罷免されます。ただし、一般的な歴史書には、安藤が「廃帝論」を唱えたと見なされた、あるいは、そのことが失脚の理由になった、というようなことは書かれていません。それだけに、この水野忠徳の証言は貴重なものと言えます。その証言を伝えている福地の一文も、もちろん貴重です。

ところが、改造文庫版『懐往事談』は、その「廃帝論」の三文字を伏字にしてしまったのです。

水野忠徳と「承久の先例」

そのすぐあとの文章にも、伏字があります（九六ページ）。

> 但し……と云ふ詞は川路などが京都の鎖攘論に苦しめられて屈託《くつたく》の余りに……………
> ……………取調ぶる外に道が有《ある》まいなど丶云《いう》て一時の憤懣《ふんまん》を漏したる談柄《だんぺい》……

に過ぎざりしのみ。其後幕府にても外国処置評議の席にて策竭《つき》て窮せる際には時として夫《それ》では……………と笑語したる事もありき。

まず、二文字の伏字があり、そのあと、十八文字の伏字があり、さらに、十一文字の伏字があります。順に、「廃帝」、「かう道理が御分り無くては承久《じょうきゅう》の先例を」、「承久の先例取調《とりしらべ》にするか」が入ります。

伏字を起しながら、原文を現代風に直してみましょう。

ただし、**廃帝**という言葉は、川路聖謨《としあきら》などが京都の鎖港攘夷論に苦しめられた心労のあまり、**ここまで道理が、おわかりにならないのであれば、承久の先例を**取り調べるほかに、方法はあるまいと、一時の憤懣を漏らした話題にすぎませんでした。その後、幕府でも、外国処置を評議する席で、方策が尽き窮した際には、時として、それでは、**承久の先例でも調べますか**と、冗談を言い合ったことがありました。

ここに、「京都の鎖港攘夷論」とありますが、この「京都」は、暗に孝明天皇を指しています。「孝明天皇が、あくまでも鎖港攘夷にこだわるのであれば、承久の先例を調べる以外ない」。――当時、幕府の中枢部においては、こういった会話が交わされることがあったというのです。もちろん、水野忠徳も、そうした会話に加わっていたひとりだったと思われます。

この「承久の先例」ですが、これは、後鳥羽上皇が鎌倉幕府の討滅を図って敗れた承久の乱（一二二一）のあと、鎌倉幕府が、仲恭天皇を廃位し、後鳥羽《ごとば》・土御門《つちみかど》・順徳の三上皇を配流《はいる》した先例、つまり「廃帝の先例」を指しています。

いずれにしましても、安藤信正が老中を務めていた当時、幕府の中枢部で、「廃帝の先例」が話題となっていたことは事実だったようです。こうした話が巷間に伝わり、安藤老中の罷免にまで至ったことは、十分にありうることです。

ちなみに、国学者の塙忠宝《はなわただとみ》が、「廃帝の典故」を調べているとウワサされ、長州の伊藤俊輔（のちの伊藤博文）によって暗殺されたのは、文久二年一二月（一八六三年二月）のことでした。

福地桜痴に「廃帝論」をぶつ

そのあとにも、さらに伏字があります。水野は、まず、「今日に至りては余は真面目を以て**承久の先例取調**《とりしらぶ》**べしとは**申すなり」と言っています。この太字の部分十一字が、改造文庫版では、伏字になっています。

そのあとは、伏字の連続です。九六ページから九七ページにかけて続く伏字の途中には、

(以下一頁削除)という字句まで入っています。これはもう、「伏字」という範疇を、完全に超えてしまっています。

では、ここには、どんなことが書かれていたのでしょうか。右の言葉でもおわかりのように、水野忠徳は、文久三年(一八六三)の初めの段階で、完全に廃帝論者になっていました。そこで彼は、福地桜痴に向かって、みずからの「廃帝論」を打《ぶ》っています。改造社文庫版は、その「廃帝論」を打っている部分(民友社版で約二ページ分)を、バッサリと削ってしまいました。

改造社文庫版で削られた文章の全文を、ここで挙げることはしません。そのかわりに、だいたいの内容を紹介してみることにします。

今度、攘夷の勅諚《ちょくじょう》(天子のおおせ)を奉って下向してきた勅使某殿は、日本全国が焦土となっても、攘夷を実行せよというのが、天子の考えだと申したと聞いた。伝聞のことだから、真偽のほどはわからない。しかし、もし、これが本当ならば、驚くべき言葉である。焦土となっても攘夷を実行するとは、恐れながら、天子おひとりの好みを以て、天下を軽んずるものである。しかる上は、恐惶《きょうこう》の至りではあるが、御譲位を促すか、そうでなければ、都の外へ行幸《ぎょうこう》してもらうほかはない。ところが幕府は、そう決断をすることなく、攘夷は不可能であると知りながら、勅諚を請《う》ける旨を勅使に伝えて、そのまま帰京させたという。

実に「沙汰の限り」(言語道断)である。

言葉は、つとめて慇懃《いんぎん》を装っていますが、内容はすこぶる過激です。「全国を焦土となしても、攘夷を実行せよ」というような天皇は、譲位させるか、配流するしかない。――水野は、このように言っているのです。

ここで、「勅使某殿」とあるのは、文久二年(一八六二)一〇月、攘夷督促のために下向《げこう》した別勅使の三条実美《さねとみ》(権中納言)を指すものと思われます。

ついでに申し上げますと、水野忠徳の「廃帝論」は、こうした「言葉」に留まるものではありませんでした。

文久三年(一八六三)の五月から六月にかけて、老中並《ろうじゅうなみ》・小笠原長行《ながみち》の率いる幕府軍が、京都に入って朝廷を制圧するという作戦が実行されたことがあります。幕府軍は五隻の艦隊を組んで大坂に上陸しますが、在京の将軍・徳川家茂《いえもち》から中止の命令を受け、作戦は中断されました。福地桜痴によれば、この作戦の中心人物は水野忠徳だったそうです。[*37]

二・二六事件と「廃帝論」

ここで、改造社文庫版に「伏字」がなされた理由について、考えてみましょう。

まず、どういう事柄が、伏字の対象になっているかを見てみます。すると、だいたい、

「廃帝」に関する事柄、「攘夷」に関する事柄に絞られると言ってよいようです。また、先ほども少し触れましたが、これらの伏字は、改造社文庫版が出た当時の「時代背景」を反映している可能性が高いと思います。それらを考え合わせた上で、以下に、ふたつ、私見（仮説）を申し上げます。

まず、私見のひとつ目ですが、これは、「廃帝」という事柄の伏字に関する仮説です。私は、これらの伏字の背景として、一九三六年（昭和一一）二月二六日に起きた二・二六事件を挙げることができると考えました。

二・二六事件は、皇道派と呼ばれる青年将校を中心としたクーデター事件です。数日後に鎮圧されましたが、このクーデターの過程で、「廃帝」が検討されたというウワサが流れました。そのウワサ、あるいは情報に、昭和天皇が激怒したというウワサも伝わっています。もちろん、これらはウワサであって、真偽不明ですが、今でも諸書で、この種のウワサがあったことを確認することができます。

ウワサとはいえ、二・二六事件以降しばらくは、政府関係者の間、あるいは報道・出版関係者の間で、「廃帝」という言葉に、過敏に反応する空気があったのではないでしょうか。

37＊『懐往事談』第十二「小笠原図書頭上京一件」。実は、福地桜痴も、水野忠徳に従って、この作戦に加わっていた。その福地の証言であるので、信憑性は高い。

改造文庫版『懐往事談』が出たのは、一九四一年（昭和一六）ですが、二・二六事件から、まだ五年しか経っていません。廃帝、廃帝論、承久の先例を伏字にせざるをえなかったのには、こうした時代背景があったのではないか、と私は考えます。

「ネジレ」と「大攘夷」

私見のふたつ目ですが、これは、「攘夷」関係の伏字についての仮説です。改造文庫版『懐往事談』が出たのは、一九四一年（昭和一六）六月で、太平洋戦争が始まる六か月ほど前です。同年七月には、御前会議で「情勢の推移に伴ふ帝国国策要鋼」が決定され、対英米戦を辞さないという流れができていました。つまり、この時期の日本の政府中枢、軍部、あるいは国民の間には、対英米戦、すなわち「攘夷」の空気が漲っていました。このことが、「攘夷」への伏字に結びついたのではないかという仮説です。

「攘夷」ということについて、もう少し、説明します。幕末期、孝明天皇は、幕府に対し、「全国を焦土となしても、攘夷を実行せよ」と、攘夷を督促しました。しかし、徳川幕府、あるいは、それに代って権力を掌握した維新政権は、結果として、攘夷を実行に移すことはありませんでした。

維新政権の中心となった薩長の倒幕勢力は、「尊王攘夷」をスローガンに、徳川政権を攻撃しましたが、政権を奪取するや、たちまち、方針を「開国和親」に変更しました。その後の明治政府が、「富国強兵」をスローガンに、「近代化＝欧化」に邁進していったことは、歴史の教える通りです。

薩長を中心とする倒幕勢力は、開国和親の必要を認めながら、幕府を窮地に陥れるために、あえて「攘夷」を主張していました。これは「欺瞞」以外の何ものでもありません。しかし、明治維新＝日本の近代化は、まさに、そうした欺瞞の中でなしとげられた変革だったのです。これを私は、「明治維新のネジレ」、あるいは「日本の近代化のネジレ」と呼んでいます。[*38]

もっとも、当時の倒幕勢力は、攘夷と開国という矛盾を取り繕ろう（ごまかす）論理も、シッカリ用意していました。それが、「大攘夷」という論理です。「小攘夷」が排外的攘夷であるとすると、「大攘夷」は、近代化＝欧化によって「富国強兵」を図り、その上で欧米に対抗するという攘夷です。この大攘夷という言葉は、津和野藩の国学者・大国隆正《おおくにたかまさ》が使い始めたとされています。

この「大攘夷」という論理で、本当に、「ネジレ」を取り繕ろうことができたのかどうか、

38＊　礫川『攘夷と憂国』（二〇一〇、批評社）、特に序章「明治維新とネジレ」を参照のこと。なお、礫川が、「ネジレ」について最初に言及したのは、「近代日本における〈ネジレ〉の構造」（『史疑　幻の家康論』新装増補改訂版、批評社、二〇〇七年八月、所収）という文章である。

本当に人々を納得させられたのかどうかは不明です。いずれにしても、日本が近代化に当たって、この「大攘夷」という論理を持ち出したことは、のちのち、大きな禍根を生むことになりました。というのは、この「大攘夷」の論理は、いずれ日本は、「攘夷」を実行しなければならない、という了解を含むものだったからです。

そして、事実、近代化に成功した日本は、その後、ロシア（日露戦争）、ドイツ（第一次大戦）、フランス、オランダ、イギリス、アメリカ（第二次大戦）といった欧米列強に対し、「攘夷」の戦いを挑むことになったのです。

民友社版『懐往事談』が出たのは、明治中期です。当時の日本は、近代化＝欧化に向かってマッシグラに進んでいました。そうした時期に、幕末の孝明天皇が「日本全国が焦土となっても、攘夷を実行せよ」と言明した事実を批判的に紹介することは、必ずしもタブーではなかったのです。しかし、太平洋戦争を半年後に控えた日本の空気は、まさに、「日本全国が焦土となっても、攘夷を実行せよ」というものであり、孝明天皇の言葉を批判的に紹介することは、すでにタブーになっていたのでしょう。これが、「攘夷」への伏字の理由だった、と私は考えました。

第2部

独学者の恍惚と不安
――研究の進め方

第11講

意外なところに貴重な情報が眠っている

第2部では、独学者が研究を進めていく際のヒント、アドバイスなどを提供してみたいと思います。

研究を進めるといっても、まだ、研究テーマすら決まっていないという方もいらっしゃることでしょう。焦る必要はありません。研究のテーマなどというものは、いろいろな情報、いろいろな文献に接しているうちに、ふと、思いついたりするものです。本書をお読みになっているうちに、研究テーマを思いつかれる方も、あるいは、いらっしゃるかもしれません。とにかく、焦りは禁物です。

さて、本講では、研究の対象になるような情報、研究の役に立つような情報を、どのようにして見つけるかということについて、申し上げようと思っています。

そうした貴重な情報というのは、えてして、意外なところに眠っているものです。その意外なところとは、たとえば、①その存在が知られてこなかったパンフレット、②自費出版などの理由で、研究者からあまり注目されてこなかった本、③学校が発行している小冊子などです。もちろん、このほかにもあります。

本講では、上の①、②、③から、それぞれ一例を選び、眠っていた貴重な情報を発掘した例を紹介します。

峯間信吉と「不穏文書臨時取締法」

今から、十年以上も前のことですが、水戸市のとらや書店の古書目録に、『峯間君慰安並《ならびに》顕彰記念志』という書名を見つけました。この「峯間君」というのは、たぶん峯間信《みねましん》吉《きち》（一八七三～一九四九）のことだろうと思って、注文しました。峯間信吉というのは、明治末の南北朝正閏《せいじゅん》論争のキッカケを作った水戸学者・教育者で、この論争が始まった当時の肩書は、「東京市富士前尋常小学校訓導兼校長」でした。

送られてきた現物を見ますと、たしかに峯間信吉に関する本でした。ただし、本というよりは、パンフレットといった感じです。井沢新編『峯間君慰安並顕彰記念志』は、一九三九年（昭和一四）一二月に、帝国書院から「非売品」として刊行されています。A5判で、グラビア二ページ、目次六ページ、本文八五ページ。

目次に出てくる名前に驚きました。永井柳太郎、山崎達之輔、徳富猪一郎（蘇峰）、清瀬一郎、風見章《あきら》、坂井久良伎《くらき》（阪井久良伎）、西村文則《ぶんそく》などの名前が並んでいます。

一九三七年（昭和一二）の五月一六日に、東京・神田の一橋講堂で、「峯間君慰安並《ならび》に恩人碑顕彰記念会」という集会が開かれています。その集会の模様を記録したのが、この本でした。この集会のための発起人は、五九三名にのぼり、その中には、井上哲次郎、嘉《か》納治五郎《のうじごろう》、頭山満《とうやまみつる》などの名前がありました。実際の集会には、「三百五十余人」が集まったそうです。

では、その「峯間君慰安並に恩人碑顕彰記念会」というのは、いったい、どういう性格の会だったのでしょうか。これについては、パンフレットに記録されている関係者の挨拶を読んで、ようやく理解できました。要するに、一九三六年（昭和一一）中に、「不穏文書取締法」違反を問われ、半年近く「暗雲低迷の裡《り》」にあったという峯間信吉を「慰安」するための集会だったのです。[*39]

この集会で、三番目に祝辞を述べた弁護士の清瀬一郎（一八八四〜一九六七）は、峯間信吉の「不穏文書取締法」違反事件で、峯間の弁護人を務めた人です。清瀬一郎の祝辞の一部を引用してみます。ルビと〔注〕は、引用者によるものです。

……私が此の壇に登りました所以《ゆえん》は昨年〔一九三六〕以来の一件、私は弁護士の一人と致しまして之に干与《かんよ》致して居りますから遠廻しに彼是《かれこ》れ云はないで卒直に此の来歴を述べまして、皆様の御安心を得たいと云ふ考《かんがえ》でございます。あの事は前の議会に於て新しく成立致しました不穏文書取締法案でありまして、私共如何《いか》にも腑《ふ》に落ちん法律である。……あの二・二六事件と云ふもの、之も戦争最中戦地で起つた問題ではない、之も一時人心を刺《し》戟《げき》致しまして国内に於て戒厳令は布《し》かれて居りましたが問題解決以後東京は極めて冷静であつた、それにどうも此の事件に就て弁護を許さぬ、上訴を許さぬ、総《すべ》て問題の経過は今に至るまで世間に分らない。之も遺憾な事ではないかと思ふ。此の二つの事に就ては、私は実際に憂へて居つた。非常に無理だ。今日のやうに印刷術謄写方法の非常に容易な時代に、限界の分らぬ不穏文書と云つたやうな限界で以て紊《みだ》りに人を罪にする、之は抑々《そもそも》危険であると云ふことと、二・二六事件の内容に就て隠蔽せんとする政策、此の二つが大変危険な事であると思ひましたが、幸ひにして日本人の聡明なるため多くの怪我人《けがにん》を出さなかつた。此の二つの不合理な政治のために大きな怪我人は日本に出なかつた事はまだしも幸ひであります。唯だ唯一の、たつた独りの怪我を買はれたのが此の峯間先生であられたのであります……

少し説明します。清瀬一郎の言う「不穏文書取締法」とは、不穏文書臨時取締法（昭和一一年法律第四五号）のことです。一九三六年（昭和一一）五月の第六九議会で成立し、同

39＊　この集会には、「峯間君慰安」という目的のほかに、もうひとつ、「恩人碑顕彰記念」という目的があった。「恩人碑」というのは、堺屋嘉兵衛という「恩人」を称えた碑で、箱根の芦ノ湯にある。峯間信吉が再発見したことによって有名になった。

じ年の六月一五日に公布施行されました。

その第一条には、「軍秩ヲ紊乱《びんらん》シ、財界ヲ攪乱《こうらん》シ其ノ他人心ヲ惑乱スル目的ヲ以テ治安ヲ妨害スベキ事項ヲ掲載シタル文書図画ニシテ発行ノ責任者ノ氏名及住所ノ記載ヲ為サズ若《もしく》ハ虚偽ノ記載ヲ為シ又ハ出版法若ハ新聞紙法ニ依ル納本ヲ為サザルモノヲ出版シタル者又ハ之ヲ頒布シタル者ハ三年以下ノ懲役又ハ禁錮ニ処ス」とありました。

清瀬によれば、この法律を最初に適用されたのが、峯間信吉でした。同じく清瀬によりますと、峯間は、二・二六事件の中心メンバーであった林八郎[*40]が母親に宛てた手紙を、少部数、印刷し、これを学生に示しました。そして、この印刷物が、「治安ヲ妨害スベキ事項ヲ掲載シタル文書図画」と見なされたのです。

峯間信吉が、明治末の「南北朝正閏論争」のキッカケを作った事実は、よく知られていますか。しかし、峯間が、二・二六事件のあった年に、「不穏文書取締法」違反を問われたという事実、半年近く「暗雲低迷の裡《り》」にあった事実（留置されていたということでしょう）は、ほとんど知られていません。だとすれば、この小冊子は、きわめて貴重な「史料」と呼べると思います。

ちなみに、この小冊子は、国立国会図書館には架蔵されていません。

尺振八が所持していた「身分証明書」

以前、福沢諭吉（一八三四〜一九〇一）について調べていたとき、古書目録に『英学の先達 尺振八』という書名があるのを見て、注文しました。福沢諭吉は、尺振八《せきしんぱち》（一八三九〜一八八六）と接点があったことを知っていたからです。

送られてきた本を見ますと、一九九六年二月に、尺《せき》次郎さんという方が書かれた本でした。奥付を見ますと、タイトルが、表紙や扉と異なり「尺振八伝」となっています。また、「発行協力 株式会社はまかぜ新聞社」とありました。たぶん、私家版なのでしょう。著者の尺次郎さんは、尺振八から四代目のご子孫だそうです（「序（はじめに）」四ページ）。

この本は、図版も豊富で、シッカリした年譜もついています。その年譜によれば、尺振八は、文久元年（一八六一）、二三歳のときに、幕府外国方の通弁（通訳）となります。このとき、すでに外国方に雇われ、翻訳を担当していた福沢諭吉・二八歳と出会っています。

このあと、福沢と尺は、ともに慶応三年（一八六七）の第二回遣米使節団（正使は小野友五郎勘定吟味役）に加わっています。この際に両人は、親交を深めた模様です。福沢の『福翁自伝』（時事新報社、一八九九）には、コロラド号の船内で酒に酔ったいきおいで、両人

40＊ 林八郎（一九一四〜一九三六）は、歩兵第一連隊に所属していた陸軍中尉。二・二六事件では、首相官邸の襲撃を指揮した。軍法会議の結果、死刑に処せられた。

が放言している様子が描かれています（放言していたのは、主として福沢のようです）。

さて、尺次郎さんの『英学の先達　尺振八』を読んで、最も注目したのは、アメリカのファンケンブルグ公使が発行した「身分証明書」の写真が載っていたことです（一七二ページ）。

この「身分証明書」には、英文のものと和文のものとがあったようです。写真は、必ずしも鮮明ではありませんが、和文のほうは、次のように判読できます。

於合衆国公使館

千八百六十八年第二月五日

此書面持主尺振八なる者ハ亜国公使館附属通弁官なるか故に我国の保護を受へし

日本国在留合衆国公使

アル　ビ　ウヮン　ウヮルケンボルフ識

写真では、最後の「アル　ビ　ウヮン　ウヮルケンボルフ」というところが、読み取りにくいのですが、公使の名前「Robert Bruce Van Valkenburgh」から推して、右のように読んでみました。

私が、この身分証明書に注目したのは、慶応四年（一八六八）の三月、鉄砲洲（築地）にあった福沢塾で、この身分証明書をめぐって重大な論争があったことを知っていたからです。この年の一月に鳥羽伏見の戦で官軍が勝利し、三月当時は、官軍がまさに江戸に迫ろうとしていました。この情勢を見た尺振八は、福沢諭吉やその塾生の身を案じ、アメリカ公使館の保護が得られる「身分証明書」の手配を申し出ました。

ところが、この尺振八の申し出に対し、塾生の小幡甚三郎《おばたじんざぶろう》（一八四六〜一八七三）が強硬な反対演説をおこないました。

小幡甚三郎の反対論の趣旨ですが、外国人の庇護によって「内乱の災」を免れるのは、「日本国民」の態度としてふさわしくないというものでした。福沢諭吉は、当初、尺振八の申し出を受けようとしていたフシがあります。しかし、小幡の反対論を聞いて、福沢や塾生は、尺振八の申し出を辞退することになりました。

これは、福沢塾の「理念」に関わる、重大な出来事だったようです。同年四月、福沢塾は、芝新銭座に移転するにともなって、「慶応義塾」を名乗るようになりました。ここに「義」という字が入ったのは、私見ですが、この「身分証明書」事件を受けたものだと思います。

この事件については、のちに福沢自身が、「福沢全集緒言」という文章（『福沢全集』第一巻、時事新報社、一八九八）の中で回想しています。ただし、そこでは、尺振八は、「尺新八」と誤記されています。

この「身分証明書」事件は、福沢諭吉研究者にとっては、よく知られている事件ですが、実際に、その「身分証明書」の実物や写真を見た人は、あまり、いなかったのではないでしょうか。その写真を見るだけでも、当時の江戸市中における緊迫感、福沢塾の空気などが、伝わってくるような気がします。意外なところに、貴重な情報が眠っている例のひとつです。

学問狂・加藤泰造と『日唐令の研究』（一九三七）

数年前、神田の古書展で、西尾中学校発行の作文集『イトスギ』第二号（一九五二年三月）を買い求めました。西尾中学校というのは、愛知県幡豆《はず》郡西尾町（現・西尾市）の町立中学校です。

この作文集は、活版印刷で本文九二ページ、体裁もなかなか立派ですが、それ以上に、その内容が立派です。巻頭に、「三の五」の加藤伊蘇志さんによる「終戦後のわが家」という文章がありました。これは、九ページ分もある長い作品ですが、そこで加藤伊蘇志さんは、二冊の著書を残して亡くなった父親のことを回想しています。少し引用してみましょう。

終戦後のわが家

三の五　加藤伊蘇志

1、家の日記【略】

2、父のこと

僕の記憶にある父はいつも二階の書斎で読書にふけつている。大きな茶色の机によりかかり、眼鏡のすぐ近くにまで書物をよせて猫背で何かしらべている。その父に昭和十七年の五月、召集令が来た。しかし病気のため、半年たらずで帰つて来た。そして田口航空工場につとめるようになり、その会社ではかなりの地位についたらしい。

しばらくしてその翌年の春、何のためか当時僕にはわからなかつたが、父は思いついたように京都帝国大学に入学した。そして二年の時、少しからだが悪くなつたにもかかわらず、自作した『日唐令の研究』という本の序文を、瀧川政次郎博士に書いてもらうために、満州の新京（今の長春）へ行つた。その本の瀧川博士の序文には、「著者加藤泰造君は一種の学問狂である。愛知県の片田舎からこの海山万里を距てている満州の国都新京まで、余に序文を求める為に、わざわざ来訪せられた。本書の内容は、日本最初の令（りよう法律——作者註）たる近江（おうみ——作者）令及び近江令の基礎となつた大化（たいか——作者）改新の基礎となった詔と、その母法たる隋（ずい——作者）の開皇（かいこう——作者）令、大宝《ママ》（たいほう——作者）令及び唐（とう——作者）の武徳（ぶとく——作者）令、貞観（じようかん——作者）令との比較研究である。近江令と隋唐令との比較研究はこの書が初めてである。」と父のことがほめて書いてあるが、僕には父のどこに、そんな偉さがあったのかわからない。

ここで、加藤伊蘇志さんは、瀧川政次郎博士の序文を引いています。「一種の学問狂」と評された父親について、加藤伊蘇志さんは、「僕には父のどこに、そんな偉さがあったのかわからない」と述べています。

その父親・加藤泰造（一九一三〜一九四五）の著書『日唐令の研究』は、国立国会図書館に架蔵されています。データは次の通り。

タイトル 日唐令の研究：特に開皇令・大業令・武徳令・貞観令と大化ノ詔乃至近江令との継受的関係に就いて
タイトルよみ ニットウリョウ ノ ケンキュウ：トクニ カイコウレイ タイギョウレイ ブトクレイ ジョウガンレイ ト タイカ ノ ミコトノリ ナイシ オウミリョウ トノ ケイジュテキ カンケイ ニ ツイテ
責任表示 加藤泰造 著
出版事項 愛知県西尾町：加藤泰造，昭12.

形態／付属資料 295p ; 19cm.
全国書誌番号 46068461
個人著者標目 加藤，泰造，1913-1945 ‖ カトウ，タイゾウ

先日、国立国会図書館に赴き、この本を閲覧してきました。たしかに、瀧川政次郎の「序」が付いています。ただし、この本の刊行は一九三七年（昭和一二）ですから、加藤泰造がこの研究を完成させて満州の新京に瀧川政次郎博士を尋ねたのは、京都帝国大学に入学するよりも前であったことがわかります。つまり、加藤泰造は、まったく独学によって、この研究をまとめたことになります。

なお、加藤伊蘇志さんが引いた瀧川政次郎の序文のうち、隋の「大宝令」とあるのは、「大業令」の誤記です。

加藤伊蘇志さんの作文を、再度、引用してみます。

戦争がだんだんはげしくなつてきて二年たち、そして僕の家でも、やはり次第に食糧が足りなくなつて来て終戦を迎えた。その終戦の翌々月、父は先の渡満が原因したのか心臓マヒのため京都でたおれてしまつた。昭和二十年十月四日のことである。その日父が「危篤」だという電報が来たので、母と祖母はすぐ京都にたつた。しかしその時、すでに父は骨に

なつており、母にだかれてむなしく帰つて来た。その夜は父の骨を中にして皆んな泣いた。
葬式はその翌日の暖かい、静かな小春日和の日であった。後に残されたのは、祖母、母、僕、妹、弟二人の六人である。長男の僕は八才だつた。父は三十四才で死んだ。そして、まとまつた仕事としては三十四年の短い生涯に、たつた二冊の著書を書いただけである。他の一冊はやはり法令の研究をしたもので『改新と法令』という八十頁ばかりの本である。

加藤伊蘇志さんは、父親の死を、このように淡々と綴っています。

なお、ここに出てくる『改新と法令』という本ですが、これは、国立国会図書館に架蔵されていません。したがって、発行年・発行所などがわかりません。なお、伊蘇志さんは触れていませんが、国立国会図書館には、加藤泰造の著書が、もう一冊、架蔵されています。『唐朝史の研究』（一九四〇）です。こちらも、京都帝国大学に入学するよりも前の研究です。データは次の通り。

タイトル 唐朝史の研究
タイトルよみ トウチョウシ ノ ケンキュウ
責任表示 加藤泰造 著述
出版事項 西尾町（愛知県）: 加藤泰造, 昭和15.

形態／付属資料 140, 7p ; 20cm.
全国書誌番号 44054455
個人著者標目 加藤, 泰造, 1913-1945 ‖ カトウ, タイゾウ

加藤泰造は、よほど熱心な研究者だったのでしょう。独力で研究を完成させ、それを原稿にした上で、自費出版ではありますが、著作物として世に問うています。ただ、そうした研究の苦労が、寿命を縮めた可能性は否定できません。

そのこと以上に残念なのは、加藤泰造の研究が、今日、完全に埋もれてしまっていることです。今後、しかるべき研究者によって、加藤泰造の研究が、再認識、再評価される日が待たれます。今、この本を読んでおられる読者の中に、加藤泰造という独学者について研究してみようという方は、いらっしゃいませんか？[*41]

41＊　今なら、まだ、地元の西尾市に、加藤泰造さんの近親者がおられ、ノート、草稿、旧蔵図書などが保管されている可能性がある。

第12講 「史料の発掘」は難しいことではない

本講は、前講の続編にあたります。前講第11講では、眠っている情報を発掘した例を、三つほど紹介しました。

本講でも、眠っている情報を発掘した例を、いくつか紹介します。また、そもそも、そういう情報が眠っている「史料」は、どうやって発掘するのかについても、説明します。

多様な例を紹介することに重点を置きましたので、個々の例についての説明は、簡潔を旨としました。

水戸学を「再認識」して発禁

いまから、二〇年ほど前、古書店で、西村文則の『改訂増補　水戸学入門』（長谷川書房、一九四一年六月）という本を入手しました。西村文則《ぶんそく》というのは、水戸学の研究者で、『会沢伯民《はくみん》』（章華社、一九三六）、『藤田幽谷《ゆうこく》』（平凡社、一九四〇）などの著作で知られる水戸学の研究者です（一八七七～一九七二）。

その本の扉を見ますと、タイトルの左横に、〝「水戸学再認識」改題・増補改訂版〟とあ

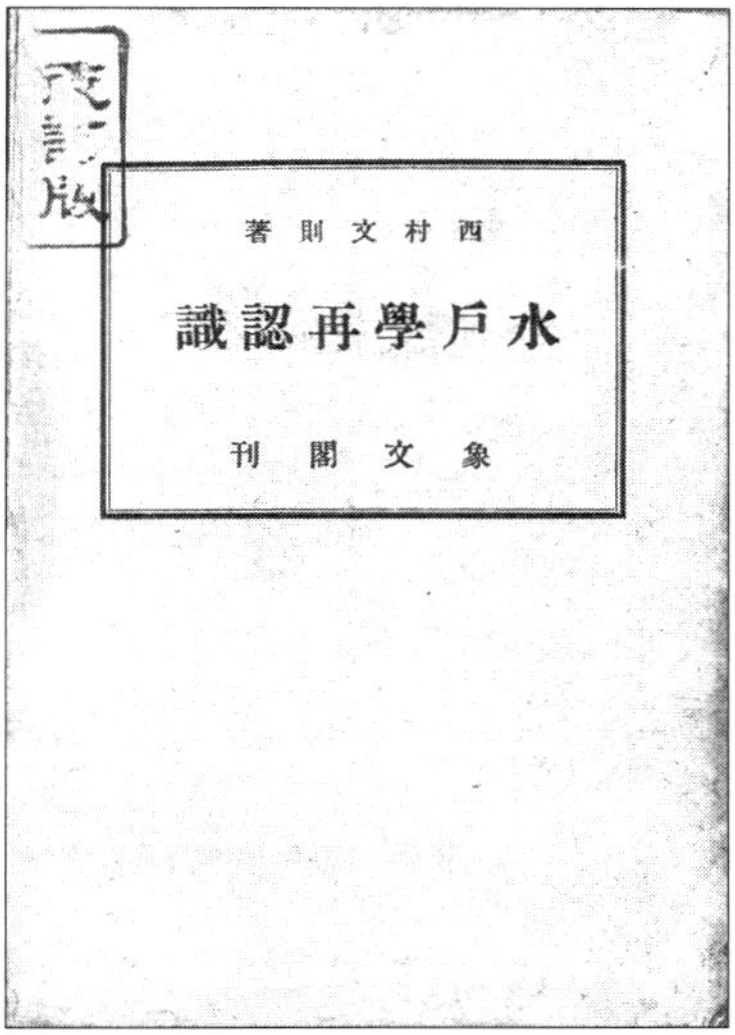

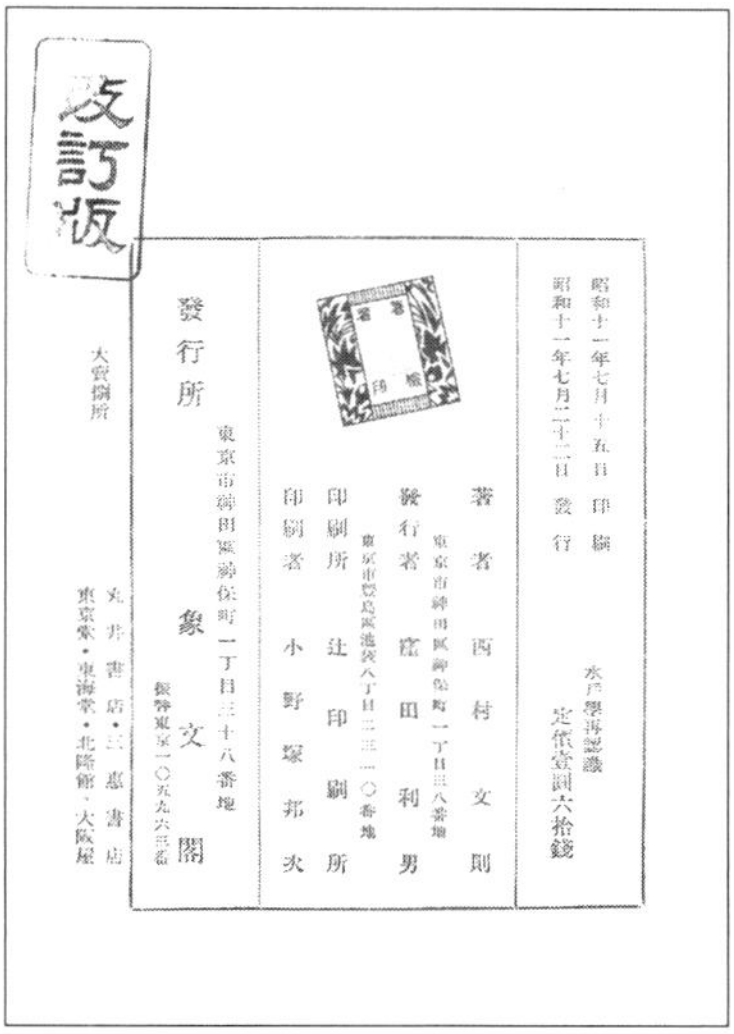

ります。また、「序文」（一九三六年六月付）のあとに、「本書は出版と、共に当局の忌諱に触れ、結論に属する大切な若干ページの削除を命ぜられた。」という付記（一九三八年四月付）がありました。

また、「序文」とは別に、「改訂版を公にするに就きて」という一文（一九四一年六月付）があり、そこでは、「大増補」をおこなって、旧態を一新した旨が述べられていました。

ということとなりますと、削除・改題前の『水戸学再認識』が読みたくなります。たまたま、古書店の目録に、『水戸学再認識』があるのを見つけ、注文しました。送られてきた本は象文閣刊で、発行日は一九三六年（昭和一一）

七月二二日です。しかし、これは「削除版」でした。函のオモテ面の左上、および奥付ページ左上に、「改訂版」のゴム印が捺され、二一三ページから二二二ページまで一〇ページ分が、刃物で切り取られていていました。ゴム印は「改訂版」ですが、実質は「削除版」です。

調べてみますと、この本は、同年八月六日、同書は安寧秩序妨害を理由に発禁となっていました。送られてきた本は、問題箇所の削除を条件に発売を許された「改訂版」だったのでしょう。

この段階で、国立国会図書館に赴き、削除された部分を読んできました。その部分のコピーも取りました。切り取られていたのは、最終章「二十七、水戸学及血盟団事件、五一五事件」の全文でした。そこには、たとえば、次のような記述がありました。

> 水戸に生を享《う》けたもの、水戸の教育を受けたもの、又旧水戸領民たるものは、又茨城県魂を有するものは、とり分け他県人以上、此正気《せいき》の多量を有してをる。……なまなましい記憶の血盟団事件、五一五事件、神兵隊事件を見ると、茨城人魂がよく分る。つまり理屈でいけない時命《いのち》を投げ出して、之を理屈以外で解決する。それが水戸の実学だ。そして水戸学の結論だ。……即ち目的が主、手段が従だから、目的だに達すれば、手段に対して科せらるゝ罪科や、汚名は辞せぬところの意気之が水戸魂、之が茨城魂だ。

血盟団事件（一九三二）、五・一五事件（一九三二）、神兵隊事件（一九三三）といった一連のテロを、「水戸学の結論」と位置づけています。目的さえ達すれば、罪科や汚名は辞さないと言って、テロを肯定し、水戸人あるいは茨城人を煽っています。何とも危険な文章です。このあたりが、当局（内務省警保局）の忌諱《きい》に触れたのでしょう。

この本が刊行される五か月前に起きた二・二六事件にも、少し触れています。この事件は、「名を皇道に藉《か》る、無政府主義の如く思へる」と突き放していますが、そのすぐあとで、「激憤の余り、又事《こと》火急を要するが為已《や》むをえず手段を誤るが如き行動は、矢張り許さるべきもの」と言って、是認の余地を残しています。

この最終章で、私が最も「過激」だと感じたのは、次のところです。

然るに茨城魂、即ち水戸学に出発する、此《この》日本的行動を目《もく》し、直《すぐ》に破壊に考へる者が世間に往々ある。水戸学決して破壊ではないのである。水戸学の実行に移る時、国家は、社会はいつも破壊せねばならぬ時が多いのだ。

水戸学によって破壊の対象とされた国家や社会は、つねに破壊されなければならぬ国家であり、社会なのだという論理です。要するに、水戸学というのは、そういう過激な学問であるから、そのことを、よく「再認識」されたいというのが、この本の「結論」のようです。

しかし、これに驚いてはいけません。明治維新という「革命」は、こういった過激な水戸学なしには、成就しなかったのです。その水戸学が、なぜか昭和初年に、テロリズムを肯定するイデオロギーとして復活していたことを、私たちは、この「発禁」によって、知ることができるのです。

なお、この発禁事件は、第10講〝二・二六事件と「廃帝論」〟の節、前講〝峯間信吉と「不穏文書臨時取締法」〟の節とも関わってきますので、対照しながら読んでいただければ幸いです。

雑誌『蕗原』、熊を獲る話を載せる

二〇一八年の初め、某古書店の店頭に、『蕗原《ふきはら》』の合本があるのを見つけました。これは珍しいと思って購入しました。『蕗原』は、民俗研究会（長野県伊奈富小学校内）の機関誌で、そのとき入手したのは、第二巻第一号から同第三号までの計三号分を合綴《がってつ》したものです。三号とも謄写版（ガリ版）印刷です。

その第二巻第二号「山の生活号」（一九三三年一二月）に、竹内利美の「横川山野話―上伊那郡川島村―」という報告が載っていました。竹内利美《としみ》（一九〇九～二〇〇一）といえば、村落社会の研究で知られる民俗学者です。一九六二年（昭和三七）に文学博士、一九七二年（昭和四七）には東北大学名誉教授となりましたが、この当時は、長野県上伊奈郡辰野町の伊奈富小学校の先生だったようです。

この報告は、一九三三年（昭和八）年八月に、上伊奈郡川島村の猟師・小澤清晴が、竹内利美ら民俗研究会のメンバーに語った内容を、竹内がまとめたものです。小澤猟師の語りも素晴しいものだったのでしょうが、その語りをリアルに再現している竹内の文章力にも感服されられました。

いま、その最初の部分を抜いてみます。「すっかり」、「廻って」などの「っ」は、原文のままです。傍点も原文のままです。ルビは、引用者が振りました。

一、熊の穴

熊のからむのは山の七八合目の日当りのいゝ場所に限るといふ。永年山あるきをしてゐる猟師達には、かうした所はすぐ勘でわかるさうである。山膚がすっかり落葉に埋もれてしまって雪が舞ひ出す頃になると、そろそろ熊は冬籠りの穴を探しだす。穴は岩の隙間や木うろが主で雪解けの水が廻って来ないやうな横穴を択ぶ。前に一度熊の籠った事のある穴へはその臭を嫌って中々入らない。さてかうして一冬を過すべき穴を探しあてゝも直《す》ぐにはそれに入らぬといふ。十日程は穴のまはり二三百間位の所にある見晴しの利く小高い

> 場所に陣取ってじっとあたりの気配を窺ってゐるさうだ。そして又一方その間に、周囲の檜《ひのき》や椹《さわら》の皮をたくって来ては穴へ持込んで寝床を作る。冬山に入ると、石のあらけて来そうもないやうな所に生々しい木膚の傷を見ることがあるが、之は皆熊の仕事であって、これが又熊のからむ場所を見附る手掛りにもなるのだと云ふ。

こんな感じで、全部で二八ページある報告は続きます。主として、熊を獲る話です。

その後、この「横川山野話」が、竹内利美編『信州の村落生活　下巻』（名著出版、一九七六）に収録されていることを知りました。図書館に行って読んでみますと、「方言」の部分（原文で傍点が施されている部分）には、カッコで注が施されていました。それによって、「からむ」（棲みつく）、「たくって」（むしって）、「あらけて」（ころげて）の意味を、初めて理解することができました。

『信州の村落生活　下巻』の最後には、竹内利美による「あとがき」がありました。それによれば、この本（上下巻）は、「『蕗原』に掲載された論稿のうちから約六十篇をぬきだし」たものだそうです。

また、この「あとがき」で、竹内は、地方研究誌を創刊したころの状況を詳しく語っています。この文章は、昭和初年の長野県における「郷土研究」熱を知る上で、貴重な証言と言えるでしょう。

終戦直後における「児童の思想調査」

何年か前、五反田の古書展で、『国民教育　中学年』という雑誌の一九四六年（昭和二二）一月号を見つけました。国民教育図書株式会社が発行する月刊誌で、「中学年」というのは、国民学校初等科の三・四年生を指すものと思われました。[*42] A5判で、表紙・ウラ表紙含め、全二四ページ。当時の売価は税込で「金壱円」、古書価は、たしか一〇〇円でした。

終戦直後の教育雑誌がどんなものだったのか、という興味で購入しました。家に戻ってから内容を確認しますと、その中に、川本孫義という人（たぶん、国民学校訓導）の「時局に処する児童の思想と教育」という文章がありました。これは、川本氏が初等科三年生以上の児童一七〇名を対象におこなった、「児童の思想調査」の結果をまとめたものでした。「児童の思想調査」というと、あまりイメージがよくありませんが、今日の言葉に直せば、「児童の意識についてのアンケート調査」といったところでしょう。

調査実施日は、一九四五年（昭和二〇）一二月二〇日、残念ながら、対象となった国民

42＊　国民学校は一九四一年（昭和一六）四月発足。初等科六年と高等科二年とがあった。国民学校初等科の前身は、尋常小学校、国民学校高等科の前身は、尋常高等小学校。戦後の一九四七年（昭和二二）四月、国民学校初等科は小学校となり、国民学校高等科は中学校（新制中学校）となった。

学校の校名や場所は、残念ながら不明です。
まず、質問項目を挙げてみます。

一、皆さんの楽しいうれしいことはどんなことですか。
二、皆さんの悲しい、いやなことはどんなことですか。
三、戦争犯罪人をどう思ひますか。
四、闇市場を見てどう思ひますか。
五、進駐軍の兵隊さんを見てどう思ひますか。
六、英語の勉強はやつた方がよいと思ひますか。
七、食事は一日何回食べますか。
八、食事毎にお腹が一杯になりますか。
九、其の食事の中雑炊又は代用食は何回ですか。
一〇、皆さんの家では一ケ月何回買出しに行きますか。
一一、一日の中でおやつを戴きますか。
一二、小遣は一日いくら使ひますか。

いかにも、その時代を思わせる質問です。それに対する児童の回答が、また、いかにも、その時代を思わせるものになっています。これらを、すべて紹介したいところですが、そうもいきませんので、いくつか、特徴的なものを選んで紹介することにします。

「一」の回答で、いちばん多かったのは、「学校へ来て勉強すること」で、五六名（三二％）の児童が、そう答えています（％の数字は原文のまま。以下も同じ）。

「二」の回答としては、一位から七位までが挙げられていますが、すべて注目に値します。「敗戦」三六名（一九％）、「友達にいじめられること」二四名（一四％）、「寒い雨の日」二二名（一三％）、「家が焼けたこと」一九名（一一％）、「死体を見ること」一一名（六％）、「父母が居ないこと」一〇名（六％）、「電車が満員なこと」七名（五％）。二位に、「いじめ」が入っているのは意外でした。また、五位の「死体を見ること」には、一瞬、胸を衝かれました。

「三」の回答としては、「可愛相である」が七七名（四五％）で、一位。「当然で仕方がない」二五名（一五％）、「悲しい」二二名（一三％）と続きます。

「五」の回答としては、「朗かで愉快さうである」が二四名（一四％）で、「親切である」二一名（一二％）が、これに続きます。ただし、三位に「悲しい」二二名（一三％）が入り、六位には「勝てばよかつた」が入っています。

「六」の回答は、「やつた方がよい」が一六六名（九八％）と、圧倒的です。

こういう貴重なアンケート結果が、これまで、ほとんど誰にも知られずに眠っており、引用され、活用されることもなかったのは残念なことです。

なお私は、川本孫義という人物について調べていませんが、何らかの方法によって、この人物が勤務していた国民学校などが特定できれば、右のアンケートの価値は、さらに高いものになると思います。関心をお持ちの読者には、ぜひ、調べていただければと存じます。

法文の口語化と満洲国「親族相続法」

一九五〇年（昭和二五）以降、文部省が編集し、いくつかの出版社から刊行されていた「国語シリーズ」というシリーズがあります。B６判の小冊子で、ページ数は、百ページに満たないものが大半でした。私は、そのうちの何冊かを持っていますが、どれも、平易な文章に興味深い内容が盛られています。
このシリーズの著者名は、表紙や奥付には明記されていません。しかし、巻頭の「刊行の趣旨」の最後に、「〇〇〇〇氏に執筆を委嘱した」という形で紹介されています。
このシリーズの「25」に、『法令用語の改正』（明治図書出版株式会社、一九五五年五月）があります。横組みで、全七八ページ、定価二一円。「著作権所有」は文部省、執筆者は、「国語審議会委員、東京地方裁判所判事」の千種《ちくさ》達夫（一九〇一～一九八一）です。[*43]
この冊子を読んで初めて知ったことですが、著者の千種達夫は、一九二九年（昭和四）

に判事になって以来、民事裁判の判決を口語体で書くなど、「法文や判決文の口語化」を目指す運動に取り組んできました。一九三八年（昭和一三）八月からは、満洲に渡って、みずからの理想を実現しようとしたようです。少し、引用してみます（原文は横組み）。

わたくしは昭和13年8月、満洲の親族相続法の起草を委嘱されて満洲へ渡った。当時はまだ、日本の法文を口語文にすることなどは、とうてい望まれなかった。しかし、当時満洲で始められた新しい政策が、日本へ輸入されて実行された例は少なくなかった。日本の法文を口語体にするには、まず満洲の親族相続法を口語体で制定し、それを日本に輸入することがいちばんの近道であることを考えた。親族相続法の立法委員会でも一部に強い反対もあったが、「法を口語体にすること。」という一項目が、立法方針の中に加えられた。もし満洲国政府において、法文の口語化が認められるならば、親族相続法も口語体にしてもよいということになった。

こうして千種は、満洲国の親族相続法を口語で制定することに全力を注ぎ、一九四五年

43＊『裁判閑話』（巌松堂書店、一九四八）、『満洲家族制度の慣習』（一粒社、一九六四）などの著書がある。

(昭和二〇)七月一日、親族相続法が制定公布されました。「純粋な口語体」ではなかったものの、「実質は口語体に近く、従来の法文に一歩を進めたもの」だったと、千種は書いています。

ところが、その一か月半のち、日本の敗戦によって、満洲国そのものが消滅してしまいます。では、千種達夫の努力は、まったく報われなかったのでしょうか。そんなことはなかったと思います。千種が満洲で試みた法文の「口語化」は、戦後の日本で、ようやく評価され、実現していきます。その象徴が、口語体、ひらがなで、句読点のある「日本国憲法」でした(一九四六年一一月三日公布)。

さて、私は、文部省編集の『法令用語の改正』という、いかにも目立たない冊子によって、戦前における「法文や判決文の口語化」の運動、千種達夫が満洲国で進めた「親族相続法」の制定、戦後初期における法文の「口語化」などのことを知りました。

まさに、思いがけないところに貴重な情報が眠っていたというわけです。そして、ここで強調したかったのは、こんなふうにして発見した情報は、そのまま、研究テーマの発見につながるということです。

情報局編輯『週報』に見る銃後の実態

先の大戦中、情報局から発行されていた『週報』という週刊誌がありました。研究の対象になったということを聞きませんが、これは、戦中の日本と日本人を知る上では、きわめて貴重な情報源です。

いま、机上に、その第三九四号（一九四四年五月一〇日号）がありますので、その体裁、内容などを見てみましょう。

A5判で、表紙、ウラ表紙含め、全一六ページ。表紙の上のほうに、右書きで、「情報局編輯《へんしゅう》／週報」とあります。文字は黒ですが、この部分だけ、インクで緑色に塗られています。その下、中央に、タテ書きで大きく「活かせ土地改良の成果」とあり、その左には、やはりタテ書きで、「戦時農園問答【1】／一億残らず簡易保険へ」など、内容を紹介する言葉が並んでいます。

この号で、私が最も注目したのは、この本の最終ページ（ウラ表紙）の下にある「通風塔」という投書欄でした。投書しているのは、熊本県の中学生で、この号の投書は、この一件のみです。

友達諸君に訴ふ！

小生は片田舎の一中学五年生で、一週間諸君の働いてゐる○○製作所で建築作業に奉仕させて貰つた。その間小生等は諸君等と共に朝に夕に汽車で通つたものだ。軍需工場へ！といふので小生等の張り切り方は非常なものであつた。

しかるに第一日目で小生等のその張り切つた心持が激しい憤激に一変したのである。それは戦力増産の第一線をうけたまはる諸君等の一部の者の、余りにも腑甲斐ない態度を目のあたりに見せつけられたからである。執務中でも煙草を悠々ふかしたり、見るに堪へぬふざけを女工等に仕掛けたり、下卑な歌謡に打ち興じたりする。小生等はそんな場面にぶつかると眼を閉ぢた。

諸君！　諸君の中にさういふ者がもしもゐたらいつてくれ、「諸君はいつまでさうしてゐるか！」と。（熊本県　坂田　励）

詳しい事情は不明ですが、中学生の坂田励君は、勤労動員で某軍需工場に赴き、一部労働者の実態に接した結果、「激しい憤激」に駆られたようです。

『週報』という公的な刊行物が、わざわざ、こういう投書を採用していることを見ますと、当時、銃後における、こういった規律の乱れは、かなり深刻なものがあったのではないでしょうか。

これに限らず、『週報』の記事は、読んで興味深いもの、意外なものが多いようです。ぜひ、一度、号を追って閲覧してみてください。

スクラップブックに貴重な写真を発見

これも十年以上前ですが、古書展で、一九四五年（昭和二〇）に作られたと思われるスクラップブックを買い求めました。表紙には、「平和日本再建記録／自 昭和二十年九月」とあります。このスクラップブックを作った方は、かなりマメな性格だったらしく、記事には、ひとつひとつ、赤鉛筆で掲載の年月日が書かれていました。切り抜きの対象となった新聞は、朝日新聞が主ですが、一部、毎日新聞、英字新聞（社名不詳）などもあります。

このスクラップブックを見て、一番、驚いたのは、昭和天皇とマッカーサー元帥が歴史的会談をおこなったという毎日新聞の記事が、貼り付けられていたことです。

正確に申しますと、「天皇陛下／マ元帥を御訪問／打寛いで御会話／モーニングを召さる」という見出しのある記事が載ったのが、一九四五年（昭和二〇）九月二八日（金曜日）、昭和天皇とマッカーサー元帥が並んだ写真が載ったのが、二九日（土曜日）です。ちなみに、訪問がおこなわれたのは、九月二七日でした。

この写真は、これまでも、いろいろなところで目にしてきましたが、新聞に載ったものを見たのは初めてでした。意外だったのは、その写真の大きさです。縦一九〇ミリ、横一五七ミリもありました。こんなに大きい写真だったのか、という印象でした。

こんなふうに、スクラップブックというのも、なかなか得がたい「史料」になることがあります。なお、古書展などで、スクラップブックが売られている場合、その古書価は、

毎日新聞　昭和二十年九月二十九日（土曜日）

歴史的御會談

天皇陛下はマッカーサー元帥を廿七日御訪問遊ばされた、御會見は東京の米國大使館大廣間で歴史的御會談を行はせられた時の撮影である（米陸軍通信隊撮影）

提供：毎日新聞社

ほとんど二束三文です。ただし、日付が示されていない、記事の選択に統一性がないなど、史料的価値のないものが大半ですから、購入される際には、内容をよく吟味する必要があります。

一枚の「正誤表」から情報を読み取る

本の間に、「正誤表」と呼ばれる紙片がはさまっていることがあります。この正誤表に、意外に重要な情報が含まれていることがあります。

いま、机上に、柳田國男の『なぞとことわざ』という本があります。筑摩書房の「中学生全集」の一冊として、一九五二年（昭和二七）一〇月に刊行されました。この本には、一枚の正誤表がはさまっています。訂正の指示は、全部で三十九箇所。細長い正誤表は、三つに折りたたまれています。

数年前、これを見て、私は不審の念を抱きました。著者による校正を通さない本はありません。しかも、柳田國男という人は、厳しい校正で知られていました。にもかかわらず、どうして、これほど多くの誤植が生じたのでしょうか。

この『なぞとことわざ』という本には、「なぞとことわざ」、「ことわざの話」など、計七篇が収められています。このうち、「ことわざの話」の初出は、一九三〇年（昭和五）に出た、折口信夫《おりくちしのぶ》・高浜虚子・柳田國男『歌・俳句・諺《ことわざ》』（アルス）です。

やや気になって、その初出では、「正誤表」に相当する箇所がどうなっているか見てみました。相当する箇所は、全部で十三箇所です。驚いたことに、うち十一箇所は、『歌・俳句・諺』の段階で、すでに、ほぼ同じ誤植を犯していました。

これは、どう解釈すべきなのでしょうか。簡単なことです。柳田は、『歌・俳句・諺』から「ことわざの話」の部分を抜き取って、それを『なぞとことわざ』の原稿として渡したのでしょう。その際、編集者に対して、一切、誤植訂正の指示などはおこなわず、著者校正の段階に至っても、これら誤植を見落としたということです。同書の「見本刷り」ができてから、ようやく誤植に気づき、ほかの諸篇の誤植と併せて、出版社に連絡したのです。出版社は、やむをえず、「正誤表」をはさむという形で、事態に対応したのだと思います。

その後、さらに驚かされることがありました。「ことわざの話」には、「児童文庫の著者贈呈用別刷本」（一九三〇）というものがあり、これは、国立国会図書館に納められています。国会図書館で、これを閲覧したところ、二十七箇所にも及ぶ「正誤表」が、貼り付けられていたのです。

これには唖然としました。『ことわざの話』別刷本の段階で、すでに正誤表が作られていたのであれば、『なぞとことわざ』が企画された際、柳田は、当然その「正誤表」を編集者に渡すべきだったのです。万一、渡しそこなった場合でも、校正の段階で、正誤表に基いて訂正を加えるべきだったのです。その両方の手続きを怠り、本が印刷されたあとになって、出版社の正誤表の作成を指示した柳田國男の神経を、私は疑いました。

いずれにしても、たった一枚の正誤表でも、そこから、重要な情報を読み取ることが可能な場合があります。本には、そのほか、出版社の挨拶文、著者の挨拶文、出版社の広告、月報など、さまざまなものがはさまっています。ときに、これらのものからも、重要な情報が読み取れることがありますので、一応は目を通されることをお勧めします。

「史料」は、どこでどうやって見つけるか

以上、前講と本講では、意外なところに、貴重な「史料」が眠っているということを申し上げました。その意外な場所として、①存在が知られていないパンフレット、②あまり注目されない研究書、③学校が発行した小冊子、④発禁本で削除の対象となった箇所、⑤民間研究団体の機関誌、⑥忘れられた教育雑誌、⑦文部省発行の小冊子、⑧政府広報誌のバックナンバー、⑨スクラップブック、⑩本の正誤表、を挙げました。もちろん、「意外な場所」という以上、これらに限定されるものではありません。

さて、これらの史料を見つける方法ですが、まず見つける「場所」としては、主として、図書館、古本屋、インターネット空間の三つを挙げることができるでしょう。

このうち、図書館には、地元の公立図書館、国立国会図書館、各種専門図書館、大学の

図書館などが含まれます。古本屋には、古本屋の店頭、古書展、古本屋の発行する目録などが含まれます。インターネット空間には、各種ホームページ、各種ブログ、公開されている紀要論文などが含まれます。青空文庫、中野文庫（法令関係）、国立国会図書館のデジタルコレクション、インターネット古書店なども、このインターネット空間に含まれると考えてよいでしょう。

次に、具体的に、史料を見つけるノウハウですが、図書館で雑誌のバックナンバーを通覧をするのが一番だと思います。ただし、雑誌のバックナンバーは、一般的に書庫にあることが多く、それですと、いちいち閲覧の手続きをしなくてはならず、たいへん時間がかかります。ただし、大学図書館などで、書庫への入室が許可される場合もあります。

図書館で、通覧すべき雑誌としては、『史学雑誌』、『史林』、『歴史学研究』、『日本史研究』などはもちろんですが、すでに廃刊になっている『歴史地理』、戦前の『民族と歴史』、『中央史壇』などに、興味深い論文を発見することがあります。また、対象をやや広げ、『考古学雑誌』、『人情地理』、『旅と伝説』、『ドルメン』、『国家学会雑誌』、『法制史研究』、『法律時報』、『犯罪科学』などを通覧してみるのもよいでしょう。

古本屋さんに行かれる場合は、店頭の均一本が狙い目です。均一本は、一冊百円というのが主流ですが、神田神保町には、二冊百円（内税）という古本屋さんが少なくとも二軒あります。西早稲田には、一冊二〇円（外税）というお店が一軒あります。

五反田や高円寺の古書展では、会場入口のところに、雑誌のバックナンバー、パンフレット、その他、雑多な廉価本が置かれているコーナーがあります。もちろん、このコーナーも狙い目です。

インターネットは、独学者、高齢者、遠隔地居住者などにとっては、大きな味方です。書名や件名を検索することによって、いろいろな情報が得られます。インターネット古書店につながり、探し求めていた本を注文できることもあります。紀要の論文にヒットし、これを閲覧できることがあります。

国立国会図書館のデジタルコレクションにつながることもあります。たとえば、グーグルで「盛岡猥談集」を検索しますと、「国会図書館サーチ」の「盛岡猥談集（橘正一）」がヒットします。さらに「国立国会図書館デジタルコレクション」とあるところをクリックしますと、いきなり、その本を閲覧することができます。もちろん、プリントアウトも可能です。

第13講 定説や先入観にとらわれてはいけない

この本の読者である皆さんは、おそらく、歴史研究の上で、何か新しい見方を提示し、何か新しい発見を公開してみたいと考えておられることでしょう。新しい見方を打ちたて、新しい発見をするためには、定説や先入観にとらわれていてはいけません。新しい見方、新しい発見は、それまでの定説を疑い、それまでの先入観を打ち破るところから始まります。

本講では、定説を疑い、先入観を打ち破ることによって、新しい見方、新しい発見が可能となった例を紹介してみましょう。

「玉音放送」は理解できなかったか

一九四五年（昭和二〇）八月一五日の玉音《ぎょくおん》放送、すなわち「終戦の詔書」の放送は、よく理解できなかったという伝説があります。二〇一二年上半期のＮＨＫ連続テレビ小説『梅ちゃん先生』は、その第一回（四月二日）が終戦の日の話で、主人公の梅子さん一六歳が、放送内容を理解できないという設定になっていました。

しかし、これはおかしな話です。電波あるいは受信機の具合で、放送そのものが聞き取れなかったというなら仕方がありませんが、放送そのものは聞き取れたということであれば、これが「敗戦＝ポツダム宣言受託」の放送であることは、明瞭に理解できたはずなのです。

この点について、エッセイストの鴨下信一さんは、『誰も「戦後」を覚えていない』（文春新書、二〇〇五）の中で、次のように述べています。ルビは引用者が振りました。

当時の人々、子供たちの漢字への慣れと知識を今の世の中と同じに考えないほうがいい。終戦の詔書そのものだって、そう難しくはない。最初の段落、

「朕《ちん》深ク世界ノ大勢ト帝国ノ現状トニ鑑《かんが》ミ非常ノ措置ヲ以テ時局ヲ収拾セムト欲シ茲《ここ》ニ忠良ナル爾《なんじ》臣民ニ告《つ》ク

朕ハ帝国政府ヲシテ米英支蘇《しそ》四国ニ対シ其ノ共同宣言ヲ受諾スル旨通告セシメタリ」

漢字は難しいが音読すれば意味は明瞭で易しい。ここだけわかれば、もういいようなもので、日本がポツダム宣言を受諾した、つまり敗けたことはよくわかった。【中略】

聞きとれない原因は、一つには昭和天皇がこうした録音にお慣れになってないこと、もう一つはラジオの受信状態の悪さで、あの8月15日は全国的に抜けるような青空で、そのことが強く印象に残っているけれども、電波はうまく伝わらなかったのだ。このことはい

ろいろな人の日記に書いてあり、また次のアナウンサー（こんな敵性語は使わなかった、放送員）の奉読《ほうどく》で意味がよくわかったとの記述も多い。

説得力に富む指摘です。この日の放送は、正午の時報に続いて、和田信賢《しんけん》放送員から、「只今より重大なる放送があります。全国聴取者の皆様御起立を願います」というアナウンスがありました。このあと、内閣情報局の下村宏《ひろし》総裁から、「天皇陛下におかせられましては、全国民に対し、畏《かしこ》くも御自《おんみずか》ら大詔《おおみことのり》を宣《の》らせ給う事になりました。これよりつつしみて玉音《ぎょくおん》をお送り申します」という言葉があり、さらに君が代の演奏。そしてレコード盤による「詔書」の放送となりました。[*44]

このあと、もう一度、君が代が流れ、さらに、下村総裁によって、「謹みて天皇陛下の玉音放送を終ります」と告げられました。[*45] さらに、和田放送員が、「謹んで詔書を奉読いたします」と述べて、「詔書」全文を奉読し、「謹んで詔書の奉読を終ります」と結びました。

放送は、これで終了したわけではありません。以上に続いて、「内閣告諭」、「終戦決定の御前会議の模様」、「交換外交文書の要旨」、「ポツダム宣言受託となった経緯」、「ポツダム宣言の全文」などが報じられたのです。

つまり、この放送が聞き取れた場合、また、放送を最後までしっかり聞いていた場合は、

「意味が理解できなかった」ということは絶対にありえないのです。

『梅ちゃん先生』の主人公・下村梅子（キャストは堀北真希さん）は、女学校の生徒で、勤労動員先の軍需工場で、同じ女学校の生徒たちと、この放送を聞きました。ところが、梅子を初めとする女学生たちは、誰ひとりとして放送の意味が理解できません。監督官が、「日本は負けた、日本は降伏したんだ」と泣き崩れるのを見て、初めてその意味を理解するという話になっていました。

ドラマとはいえ、ほかならぬNHKが、こういった形で、誤った「伝説」を再生産するというのは、いかがなものかと思いました。

「終戦の詔書」を理解した女学生一八歳

鴨下信一さんは、「終戦の詔書そのものだって、そう難しくはない。」と書いていました。しかし、終戦の詔書は、よく理解できたと書きとめている例を、実際に見つけるとなると、そう簡単ではありません。

44＊　以下の記述は、日本放送協会編『放送五十年史』（日本放送出版協会、一九七七）などに拠る。ただし、『放送五十年史』は、井上ひさし編『欲シガリマセン欲しがります』（新潮社、一九八六）に抄録されたものを参照した。

45＊　「玉音放送」という言葉は、この下村宏情報局総裁のこの発言に由来するという。

幸い、一例ですが、玉音放送が「進むにつれて泣き声が起こる」旨を書きとめている日記を見つけましたので、これを紹介します。[*46]

その日記を書いたのは、自由学園高等科（東京都北多摩郡久留米村）に在籍していた富塚れい子さん（当時一八歳）です。[*47] ルビと〔注〕は、引用者によるものです。

昭和二十年八月十五日

聖断拝し大東亜戦終結。

歴史的な一日だった。今迄十八年間生を受け又これから先何十年何百年生きていてもこれだけの日は無いだろう。今迄二千六百年来無かったことだ。（皇紀）

昨夜十一時から二時迄寝なかったので六時頃起きた。艦上機来襲でもう空襲になっていた。七時少しすぎ頃アナウンサーが「今日正午重大放送があります。畏くも詔書を賜わり天皇陛下御自ら御放送なさいます」と言った。それを聞いて身内〔からだじゅう〕がじーんとし、とうとうと思った。八時過ぎ頃迄敵小型機は三百機位来てその後は来襲しそうになかったので、警戒解除になった。すぐ学校へ行く。よいズボンに穿《は》き換えて行く。九時頃着く。十二時迄の間方々《ほうぼう》を掃き清めてお待ちすることになった。

皆厳粛な態度をとり、笑顔一つ見せなかった。十一時半男子部、女子部、卒業生、先生、皆、講堂に集まる。

「これで東部防空情報を一先ず打ち切ります。唯今時刻は十二時五分前でございます」あと五分、息づまる瞬間、歴史的瞬間、正午時報、

「唯今より重大放送を行います。皆様御起立願います。」

和田放送員の声に続いて下村情報局総裁が玉音を御放送を申上げる旨を述べ君が代が奏せられた。

「朕深く…………」

やわらかい御声、進むにつれて泣き声が起こる。

ミスタ羽仁《はに》[*48]は実に強く、一人一人誠《まこと》が足りなかったからだとおっしゃった。

羽仁先生は総代を連れ二重橋にお詫びをしに行った。いつもの通り帰る。

中島鋳鍛《ちゅうたん》工場〔中島航空金属田無鋳鍛工場〕、午後一時を期して施業《しぎょう》停止。

46＊　『富塚れい子日記集』。この日記集は、富塚清・富塚れい子・中原陽『九十年の機関車に牽引されて』（ふだん記全国グループ、一九八五）に収録されている。
47＊　富塚れい子氏は、富塚清の長女。富塚清（一八九三〜一九八八）は、『ある科学者の戦中日記』（中公新書、一九七六）などの著書で知られる機械工学者。
48＊　ミスタ羽仁《はに》というのは、自由学園の創立者・羽仁吉一《よしかず》のこと（一八八〇〜一九五五）。その妻は、夫とともに自由学園の創立者であった、ジャーナリストの羽仁もと子（一八七三〜一九五七）。

阿南〔惟幾〕陸相自刃《じじん》、鈴木〔貫太郎〕内閣総辞職、聖断煩《わずら》わす不明に恐懼《きょうく》。

これは、その日の日記の全文です。午前七時の重大放送の予告、午前八時の敵機来襲、午前一一時半の講堂集合と、時間を追って、記録しています。重要なのは、予告放送の段階で、「とうとうと思った」とあること、「朕深く」以下の放送が、一応、聞き取れていること、「進むにつれて泣き声が起こる」とあることとです。むしろ、これらが、国民大多数の受けとめ方だったのではないでしょうか。

「終戦の詔書」の放送が理解できなかったというのは、あくまでも「創られた伝説」ではないのか、と私は考えています。

敗戦の日、皇居前でひれ伏した人たち

ところで、富塚れい子さんの日記に、「羽仁先生は総代を連れ二重橋にお詫びをしに行った」とありました。これは、敗戦の日、玉音放送のあと、皇居前でひれ伏した人たちが、どのような人たちであったかを窺わせる、たいへん貴重な情報です。

結論から言えば、この日、玉音放送のあと、皇居前までやってきた人たちというのは、東京近辺から「動員」された人たちだったと考えられます。たとえば、自由学園の責任者・羽仁吉一と自由学園の生徒総代（単数または複数）という形で。

以前、私は、あの二重橋前の光景は、玉音放送を聞いて、天皇陛下に対し陳謝の念を抱いた人たちが、偶然、申し合わせたように集まったのだろうと考えていました。もちろん、単なる先入観にすぎません。

ところが、一九八〇年代の初め、法学者の星野安三郎《やすさぶろう》（一九二一～二〇一〇）から、「アレは動員だよ」ということを聞き、ハッとしました。しかし果して、その根拠はあるのでしょうか。「先生、そのことを示す資料がございますか」とお聞きすると、「傍証となる資料はあるので、そのうちに、コピーを送るよ」と言われ、数か月後、実際に送っていただいたのが、次の資料でした。これは、岡山県知事が、内務部長・警察部長と連名で、各地方事務所長・市長・警察署長に宛てて発した一九四五年（昭和二〇）八月一四日付の機密文書です。ルビは引用者によるものです。

特検機第二〇三号

現下諸情勢ニ対スル輿論《よろん》指導ニ関スル件

本日ノ廟議ニ基キ、現下ノ情勢ニ即応シ閣議ニ於テ大要左記ノ通リ輿論指導方針決定セルニ付、右ニ依リ措置シ遺憾ナキヲ期セラレ度《たし》

（一）一般的要綱

一　政府ハ事茲《ことここ》ニ到ル止《や》ムヲ得ザルノ状況ヲ公表シ、全国民ノ結束ト奮起トフ要望セルヲ

以テ之ニ即応スル指導ヲナスコト

二　現下最大問題ハ聖慮ヲ奉戴シ飽クマデ国体ヲ護持シ、君民真ニ一体トナリ全国民一致結束シテ、臥薪嘗胆《がしんしょうたん》未曽有《みぞう》ノ艱難《かんなん》ニ堪ヘルコトヲ強調スルコト

三　此ノ未曾有ノ国難ヲ招来セルニ就テハ国民悉《ことごと》ク責任ヲ分チ、上陛下ニ対シ深キ陳謝ノ誠ヲ表シ奉ルト共ニ、皇国伝統ノ精神ヲ遺憾ナク発揮シテ、一切ノ事態ニ対処スルコトノ必要ナル旨ヲ強調スルコト

四　今後ノ難局ヲ打開スルタメニハ、戦争以上ノ苦難ニ堪ユル覚悟ヲ以テ、至難ト共ニ一路皇国興隆ニ邁進スベキヲ強調スルコト

五　時局ニ痛憤ノ余リ、同胞互ニ傷付ケ合ヒ又ハ経済的道徳的混乱ヲ惹起《じゃっき》スルガ如キコトアラバ、皇国滅亡ニ至ルベキコトヲ強調スルコト

六　事茲ニ到レルニ付《つき》、一般的忿懣《ふんまん》又ハ悲哀ハ之ヲ認ムルモ、廟議決定ノ方針ニ反スルモノ又ハ国内結束ヲ乱スガ如キハ不可ナリ

七　所謂戦争責任者追及ヲ論議シ直接行動ヲ示唆スル者、又ハ自暴自棄的言動ハ不可ナリ

星野安三郎先生は、この資料を、岡山県労働組合総評議会編（水野秋執筆）『岡山県社会運動史』第11巻「戦火を越えて」に見出されたのでした。同書の一九五ページには、「八月一一日、内務省から小泉知事〔小泉梧郎岡山県知事〕に終戦が決定した場合という前提の

もとに、治安維持についての機密指令が送られてきた」とあります。ただし、そこに内務省からの「機密指令」は引用されていません。

また、右は、特検機第二〇三号「現下諸情勢ニ対スル輿論指導ニ関スル件」の全文ではなく、その冒頭部分と思われます。（一）に対応する（二）以降がないからです。

星野先生にいただいたコピーには、（一）の三の頭に手書きで丸印が付されていました。ここが大事だよ、という意味だと思いました。

この機密文書「現下諸情勢ニ対スル輿論指導ニ関スル件」は、小泉梧郎岡山県知事が、内務部長・警察部長と連名で、各地方事務所長・市長・警察署長に宛てて発したものですが、その基礎になった内務省からの「機密指令」は、当然、全都道府県知事宛に発せられていたはずです。ということであれば、東京都知事もまた、岡山県の「現下諸情勢ニ対スル輿論指導ニ関スル件」に相当する文書を作成し、これを各地方事務所長・市長・警察署長に宛てて発していたと考えるべきでしょう。

さて、敗戦の日の羽仁吉一の行動を見ますと、玉音放送のあと、生徒たちに対し、「一人一人誠《まこと》が足りなかったからだ」と訓話をおこなっています。また、「総代を連れ二重橋にお詫びをしに」出かけています。まさにこれは、「国民悉《ことごと》ク責任ヲ分チ、上陛下ニ対シ深キ陳謝ノ誠ヲ表シ奉ル」という趣旨の行動です。ルートや文面は不明ですが、自由学園高等科に対しても、事前に、「輿論指導」に関する連絡が届いていたと考えるのが妥当でしょう。

もちろん、いまだ真相は不明です。しかし、ここで申し上げたかったのは、敗戦の日に見られた二重橋前の光景ひとつにしても、先入観を打ち破ることによって初めて、「真相」に近づけるということです。

第14講

現地を訪ねれば必ず発見がある（大津事件篇）

あなたが、何らかの「事件」を研究のテーマに選び、それについて、関係の文献などを調べ始めたとします。そのうちに、文献だけでは調べがつかないところがある、文献だけではどうも事件のイメージがつかめない、といったことを感じることがあるでしょう。そういうときは、迷わず、事件の「現場」に行ってみることをお勧めします。

この場合、現場に行って確認してくること、調べてくること、聞き取ってくること、写真をとるべき対象物などを、あらかじめ決めておくと、現地での調査は、能率的なものになります。しかし、たとえ、そうした事前の用意ができなかったとしても、事件の現場に行くことは無駄にはなりません。現地に赴けば、必ず何らかの「発見」があり、それによって、事件のイメージが変わったり、研究の新しい方向が見えてきたりします。

以下、私の体験した「発見」の事例を、ふたつほど紹介していきたいと思います。

大津事件の「現場」に赴く

一九九七年三月のことでした。当時、私は、「大津事件」について調べていました。大津事件というのは、一八九一年（明治二四）五月一一日、日本訪問中のロシア皇太子ニコライ（のちのロシア皇帝ニコライ二世）が、滋賀県の大津市で、警備に当たっていた警官から斬りつけられ、負傷したという事件です。当時、私は、この事件に対して、日本の近代史において、きわめて重要な意味を持つ事件であるにもかかわらず、未だに解明されていない部分があるという印象を持っていました。

ある出版社（批評社）に、書こうとしている内容、それを世に問うことの意義などを伝えてあり、すでに、そこから、ゴー・サインも貰っていました。そういうわけで、文献の収集、その読み込みになどには、かなり熱が入ってきたところでした。ある程度、調べが進み、いよいよ執筆を開始しようというところで、一度、ニコライ遭難の現場を見てくる必要を感じ、早速、実行しました。

大津を訪れたのは、これが初めてでした。ＪＲの大津駅で下車し、駅前の案内板で、ニコライ遭難の現場「京町小唐崎《こがらさき》」の位置を確認します。十数分歩いて、現場に至りました。道路脇に、「此付近露国皇太子遭難之地」という目立たない記念碑が建っているので、それとわかります。ニコライらの一行が通過した「京町通り」は、想像したよりも、ずっと狭い通りでした。

通りの両側には、年代を感じさせる古風な家々が並んでいます。ここで、持参した岩波文庫『大津事件』[*49]を開き、その一三一ページに載っている当時の現場地図と、現在の家々の「表札」とを対照してみました。対応が確認できたのは、わずか一軒でした。ここで、その一軒の扉を叩き、インタビューを試みるという手もあったわけですが、このときは、その用意もなければ、その熱心さもなく、次の目的地に向かいました。

御幸山に「記念碑」がない

次に向かったのは、京町通りを西に歩いた三井寺《みいでら》です。三井寺は通称で、正しくは長等《ながら》山円城寺《さんおんじょうじ》と言います。皇太子ニコライに斬りつけた津田三蔵《さんぞう》は、滋賀県守山署の巡査でした。事件の日の午前中は、三井寺内の「御幸山《みゆきやま》」で、富家《とみがや》利八巡査とともに警備に当たっていました。

そこには、西南戦争の記念碑が建っていました。津田は、西南戦争に従軍した経験を持っていましたが、たまたま西南戦争の記念碑前にいたこと、皇太子一行を歓迎する花火の轟音を聞いたことなどから、心気が異様に興奮し、そのことが兇行のヒキガネになったとされています。この見方が当たっているかどうかは、何とも言えません。しかし、津田が、初めて「太子を殺害せんとの念」を抱いたのは、記念碑前で警備していたときだったこと

49＊　岩波文庫『大津事件――ロシア皇太子大津遭難』は、尾佐竹猛著『疑獄難獄』（一元社、一九二九）のうち、「湖南事件」の部を復刻したもの。三谷太一郎校注、一九九一年刊。

は、ほぼ間違いありません。大津地裁の三浦順太郎予審判事に対して、そのように供述しているからです。[*50]

さて、この日、私は、長等《ながら》神社脇の長い階段を登って、三井寺の境内に入りました。まず、正面の観音堂を拝します。観音堂の名前は、秘仏・如意輪観音《にょいりんかんのん》坐像に由来します。ここは、西国第十四札所として知られ、この日も、巡礼風の姿をした二十人余りの善男善女が、声を合わせて御詠歌のようなものを唱えていました。

観音堂の東側に立ちますと、琵琶湖を見下す眺望が楽しめます。このあたりは、今日、「観月台」と呼ばれていますが、大津事件当時は、「月見台」と呼ばれていたようです。観音堂の南側、観月台より六、七メートル高いところに、「展望台」があります。かつて、御幸山と呼ばれていたところです。事件の日の午前中、津田・富家両巡査は、ここで警備に当たっていました。

茶店横の階段を昇ると、展望台に至ります。眼下に観音堂、観月台を見下し、さらに遠方には、大津市街や琵琶湖が眺望できます。展望台には、四、五基の石碑が散在していましたが、どういうわけか、肝心の西南戦争記念碑が見当たりません。観音堂まで戻って、中で執務していた年配の男性に、「西南戦争の記念碑があるのは、あの展望台ではないんですか」と尋ねました。すると、「もとは、あそこにありましたが、だいぶ前に動かしました。その上の山道を、少し登ってもらったところです」というご教示でした。

再び展望台に戻り、そこからさらに山道を登ります。ほとんど人が通っていないようで、枯葉と枯枝が道をおおっています。つづら折りの道を十分ほど登ると、突然かなり広い空間があらわれました。記念碑は、その空間の一角にありました。堂々とした石塔で、「記念碑」の三文字のみが記されていました。訪れる人は絶えて無いと見え、ひどい荒れようです。石段の途中には倒木が朽ち果てて、入口の門柱のうち一本は石段下まで転がり落ちていました。

記念碑が写っている絵葉書

このように、現地に行ってみたことで、思わぬ「発見」をすることは珍しくありません。また、そこで、「聞き取り」をおこなうこともできるわけです。三井寺を訪れたときは、聞き取りをおこなう予定はありませんでしたが、「記念碑」が見当たらないという事態に直面し、観音堂で執務していた男性から、「聞き取り」をおこなう結果になりました。

このとき、現地に行くまでは、「西南戦争記念碑」が移動されているという事実に、まったく気づきませんでした。しかし今日では、インターネットという便利なものがあるので、居ながらにして、いろいろな情報を得ることができます。

50＊　三浦順太郎『大津事変実験記』（私家版、一九二九）による。

たとえば、「てる爺と歩く　近江の散策」というホームページの「大津事件」の項目を閲覧しますと、次のような情報が得られます。

現在、西南戦争記念碑は観音堂脇にはありません。

観音堂から山道を300メートル位登った上の方に移されています。

昭和14年に移設されたそうですが、[*51]何故移されたのか、その理由を示す資料は見つからず、大津市歴史博物館で尋ねても不明でした。

さらに、この項目では、まだ御幸山に記念碑が建っていたころの絵葉書が紹介されていました。下のようなものです。

昭和初期の三井寺観音堂　向かって左上部に立っている白い塔が西南戦争記念碑
（絵葉書提供：東京都・松井様）

キャプションは、ホームページ主宰者によるものです。たしかに、観音堂の左に、ひときわ高く、白い石塔があるのが見えます。貴重な史料です。

現地に赴く前に、インターネット経由で、こうした情報を集めておき、その上で、現地に赴くのであれば、現地調査の収穫は、さらに大きなものになることでしょう。

なお、記念碑が移されたことについて、最初に言及した文献は、たぶん、安斎保執筆「大津事件に就て」だと思います。これは、司法省刑事局発行の『思想研究資料特輯』の第六五号（一九三九年九月）[52]に当たる「極秘」の文献ですが、その二五一ページに、「一昨年中」（つまり、一九三七年に）、この記念碑が移転されたこと、執筆者である安斎が、はるばる山道を登って、それを確認してきたことなどが述べられています。

51＊　この典拠が知りたいところである。後述のように、「大津事件に就て」の執筆者・安斎保によれば、移転は一九三七年（昭和一二）のことだったという。

52＊　一九七四年に東洋文化社から、上下二冊の形で復刻されている。ただし、この復刻版も、今日では入手が困難である。

第15講 現地を訪ねれば必ず発見がある（松川事件篇）

前講の続編です。ここでは、松川事件の現場を訪ねたときのことを書きます。

松川事件というのは、一九四九年（昭和二四）八月一七日に、東北本線松川駅付近で起きた列車転覆事件のことです。

この年は、下山事件（七月五日）、三鷹事件（七月一五日）も起きています。この三つの事件は、いずれも真相が解明されていません。そのために、この三つの事件を、「国鉄三大ミステリー事件」と呼ぶことがあります。

松川事件の現場で「女泣石」に出会う

二〇一五年の夏、福島に出かける用事があったので、ついでに、松川事件の現場を訪ねることにしました。七月三日朝、福島駅東口で二四〇円の切符を買い求め、改札口のすぐ前に停車していた東北本線上り普通列車に乗り込みました。南福島駅、金谷川《かなやがわ》駅を経て、松川駅で下車します。

駅前広場の案内板で、「松川事件記念碑」の位置を確認します。松川駅の北方、上り線と下り線の中間地点にあることは確認できましたが、案内板の地図があまりに雑で、そこまでの経路がよくわかりません。

事件現場には、線路の東方向からでも、また西方向からでも、行けそうでしたが、とりあえず、西方向から向かうことにしました。

駅前広場から北に進むと、すぐに道路にぶつかります。西に歩いて陸橋を渡り、東北本線の西側に出ます。そこに「北芝電機本社」があります。かつての東芝松川工場です。松川事件の容疑者として、東芝松川工場の組合員らが検挙されたことは、よく知られています。

線路に近いと思われる道を北へ進みます。自転車に乗って、各戸にビラを投げ入れている中年の男性に出会ったので、「松川事件記念碑に行くのは、この方向で間違いないですか」とお聞きすると、「わかりにくいので、途中まで案内しましょう」とのことでした。男性は、「私はこういうものです」と言って、ビラを差し出します。見ると、日本共産党のビラでした。

松川事件の話などしながら歩きます。男性に、事件当時、東北本線は単線であったこと、今でいう「下り線」が、事件が起きた線路であったことなどを確認します。

しばらく行くと、下り線の踏切が見えるところまでやってきます。男性曰く、「あの踏切を渡ると、左側に線路に沿って細い道があるから、そこを歩いて行くと、さらに踏切があります。記念塔は、その先、高架橋の下にあります。高い塔だからすぐわかります」ということでした。厚く礼を言って、男性と別れました。

踏切を渡りますと、たしかに左側に細い道があります。いちおう舗装路です。線路脇の道ですが、線路との間に高い草が生い茂っていて、まったく線路が見えません。当然、電車からも、この道は見えないでしょう。

数百メートル行くと、別の踏切がありました。「石合踏切《いしあい》」とあります。この踏切の名前には、聞き覚えがありました。最も、事件現場に近い踏切です。その東側、五〇メートルほど隔てて、東北本線上り線のガードが見えます。この上り線は、事件当時はなかったのです。

踏切付近から、線路の東に沿って、北に向かう砂利道があります。しかし、この踏切の位置からは、「塔」は確認できません。そのかわりに、東側の崖から田んぼに向かって突き出ている、特徴のある巨石が目に入りました。「特徴のある」というのは婉曲な表現で、ハッキリ言えば、巨大な陰茎とも言うべき奇石が、崖から突き出ていました。あとでインターネットで確認したところ、これは「女泣石《めなきいし》」と呼ばれ、古くから有名な奇石だそうです。

さらに、砂利道を北に向かって歩いて行くと、高架橋（陸羽街道のバイパス）をくぐった東側の山腹に、先のとがった塔が見えてきました。「松川の塔」です。

事件がこの地点で起きた理由

この日、現場まで赴いた最大の収穫は、事件現場周辺の「土地勘」がついたこと、とりわけ、「女泣石」の存在に気づいたことでした。

この事件の実行グループは、石合踏切（あるいは、それよりは福島寄りの浅川踏切）のところまでトラックで乗りつけ、そこで機材を降ろしたはずです。また、レールを固定している「犬釘」を抜く地点は、下り列車から見て、線路が右にカーブするところですが、最初から、「女泣石前」というふうに決めてあったのではないでしょうか。これなら、暗夜でも地点を特定できます。

つまり、松川事件の現場に、たまたま、「女泣石」という奇石があったのではなく、女泣石という恰好の目印があったからこそ、ここが「事件現場」に選ばれたのだろう――そのように、私は推理しました。

松川事件に関しては、実にたくさんの推理がおこなわれてきました。しかし、どういうわけか、これまで、「女泣石」に注目した人はいなかったようです。私には、それが不思議でなりません。

ところで、事件当日、たまたま現場の近くにいた人がいます。二本松市の板金工で、村上義雄という人で、当時、三〇歳台前半でした。この人は、前日一六日の深夜、仲間ふたりと金谷川村浅川の大槻呉服店の土蔵を破ろうとして失敗し、ひとりで現場近くの線路脇まで行って、そこで休憩していたそうです。

のちに村上義雄は、松川事件の松川事件差戻し審の公判（一九六〇年九月一七日）で、次のように証言しています。[*53]

その後一人で山を越えると線路がみえ、線路脇に出てタバコを吸いかけたところ、線路の反対側を通りかかった三人が私に気づいて立ちどまった。

驚いて「おばんです」とあいさつしたところ「こんばんは」と相手が答えた。内心では自分がつかまえられるのではないかとビクビクし、刃渡り五センチの切出しナイフを右手に構えたが、三人はそのまま行ってしまった。

間もなく自分より背の高い六人がやってきた。仲間同士で「飯坂温泉はどの方向か」と話合っていた。東北弁ではなかった。

九人に会ったのは事故現場から六、七十間（約一二〇メートル）金谷川駅寄りだったと思う。私は現場から五〇メートルほど松川駅寄りの踏切を左に折れ、三〇〇メートルくらいの地点で休んでいた。九人連れに会って三〇分くらいたったろうか「汽車が来たな」と思っているうちにガーッとものすごい音がした。蒸気のパイプが破裂したような音だった。

夜の明けるころ騒々しいので通りかかった娘さんにきくと「汽車がひっくり返ったので見にゆく」というので私も見にいった。

非常に貴重な証言です。では、このとき、村上義雄が遭遇した「九人連れ」は、事件の実行グループだったのでしょうか。おそらく違うと思います。事件の実行グループは、犯行直前に石合踏切（または浅川踏切）付近にトラックを停め、レールの犬釘を抜いたあとは、トラックに戻って、すみやかに現場を離脱したものと思われます。村上義雄が遭遇した「九人連れ」は、おそらく、実行グループの指示によって、事件現場周辺に配置されていた歩哨要員だったのではないでしょうか。

この歩哨要員は、おそらく、目的を知らされずに召集された人々だったのでしょう。ですから、線路脇にいた村上を見ても、何ら警戒することなく、そのまま、行き過ぎました。自分たちと同じ歩哨要員と誤認した可能性もあります。

なお私は、この「九人連れ」を含む歩哨要員は、事件の数時間前、「女泣石前」に召集され、そこで実行グループから指示を受けたのちに、現場周辺に展開したと推理します。なぜ、「女泣石前」だったのでしょうか。言うまでもありません。暗夜、不特定多数の人たちをピンポイントで召集するには、女泣石が最もわかりやすい目印だったからです。

53＊ 一九六〇年九月一八日付、毎日新聞記事による。ただし、門田實《もんでんみのる》『松川裁判の思い出』（朝日新聞社、一九七二）より重引。

富士崎放江の報告「女泣石と女形石」

福島から戻って数か月後、たまたま、『土の鈴』第一八輯（一九二三年四月）を開いたところ、巻頭に、「女泣石」の写真があるのには驚きました。次のような写真です。

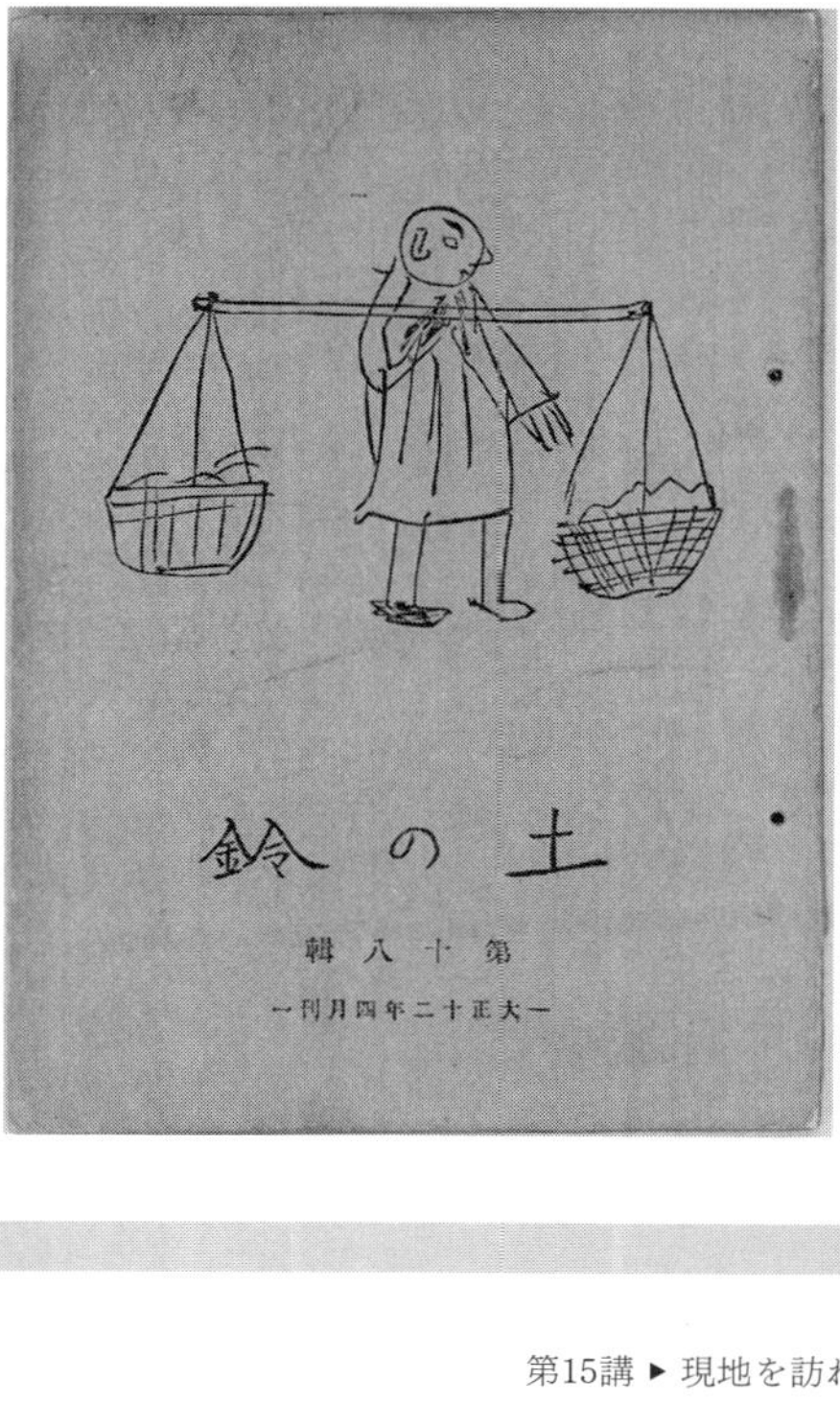

また、本文には、「女泣石と女形石」という報告が載っていました。筆者は、俳人の富士崎放江《ほうこう》（一八七四〜一九三〇）です。やや文章が長いので、最初のほうだけ、紹介してみます。ルビは引用者によるものです。

女泣石と女形石　放江庵主人

東北本線の上り列車が福島駅を発車しまして十五分、金谷川駅を通過してから約一哩《マイル》も走つた頃、視線を左側の窓前に放つて居りますと、千頃《せんけい》の桑圃《くわばたけ》が水田に尽きて小丘を為して居ります。その土崩れした崖の根元から、突兀《とつこつ》として一大巨石が天に朝《ちょう》すと申せばチト大袈裟《おおげさ》ですが、怪偉な雄姿を聳《そび》やかして居るのを見るのであります。長さは六尺しかありませんが—発掘したら余程長いものでせう—楕円型より少し長目で、周りは二タ抱慥《かかえたしか》にありますが、そしてその尖端に亀裂がありまして、全容は驚大な男根の亀頭に酷似して居るのであります。

この石のある地域は、福島県信夫《しのぶ》郡松川村字石合で、字名《あざめい》もこの石のある所から命名されたものらしいのであります。自然の悪戯《いたずら》とは云へ、聊《いささ》かならず滑稽に感ぜられるのでありますが、土地人に依つて、遠い音から一種の霊異と崇信が伝へられてあります。それは原人以来、已《すで》に陳腐に申し伝へられて居る性器崇拝なのでありますが、その信仰を更に露骨に表現せしむべく、懐胎を念求する婦人は自分の肌をこの石の一部に抱着せしめて、そ

の体温で石の肌が微温を呈するまで念々抱擁を続ければ、必ずこれに霊感して受胎すると
いふのであります。併し灯台下《もと》暗しの故か、土地人の信仰はそれ程でもありませんが、隣
郡から聞き伝へて、時折参詣イヤ祈願してゐる婦人を見受けるそうです。何しろ桑畑と水
田の間にありますので、白昼之を抱擁する程熱烈な信仰者もありますまいが、たゞ祈念だ
けしてゆくものは月に五六人位見受けると、そこの桑畑に枯枝を束ねて居る耕夫が話して
呉れました。【後略】

よくまとまった報告と言えるでしょう。文章も巧みです。なお、筆者の富士崎放江は、この報告をまとめるに当たって、一九二二年（大正一一）四月の報知新聞福島版に、有馬暁鼓が連載した記事「信仰ロマンス」を参照した、巻頭の写真も有馬暁鼓から提供された、と付記しています。

本題から離れますので、「女形石」について報告している箇所は割愛しましたが、女形石「おながたいし」と読み、信夫郡岡山村大字《おおあざ》山口字《あざ》女形（現・福島市）にあります。その名の通りの奇石のようです。

第16講

手初めに「碑文」を写してみよう

まだ、研究のテーマを決めたわけではないが、とりあえず何か、研究らしいことをしてみたい。——皆さんの中に、そんなことをお考えになっている方はいませんか。そういう方にお勧めしたいのは、「碑文の筆写」です。

碑文というのは、石碑に彫られた文章のことです。石碑というのは、どこにでもあります。その碑文を書き写すことは、誰にでもできます。単純そうですが、意外に奥が深く、やってみると、たいへん勉強になります。歴史研究の初心者に、お勧めできる課題です。

十思公園にある吉田松陰の「辞世」

あなたが、東京近辺にお住まいの方であれば、一度、中央区日本橋小伝馬町《こでんまちょう》の十思公《じっし》園に出かけてみてください。ここは、江戸時代、伝馬町牢屋敷《てんまちょうろうやしき》があったところです。また、幕末の志士・吉田松陰（一八三〇～一八五九）の終焉の地、つまり、松陰が斬首された場所でもあります。

今日、十思公園の一隅には、松陰の辞世を刻んだ歌碑が建っています。碑文は、きわめ

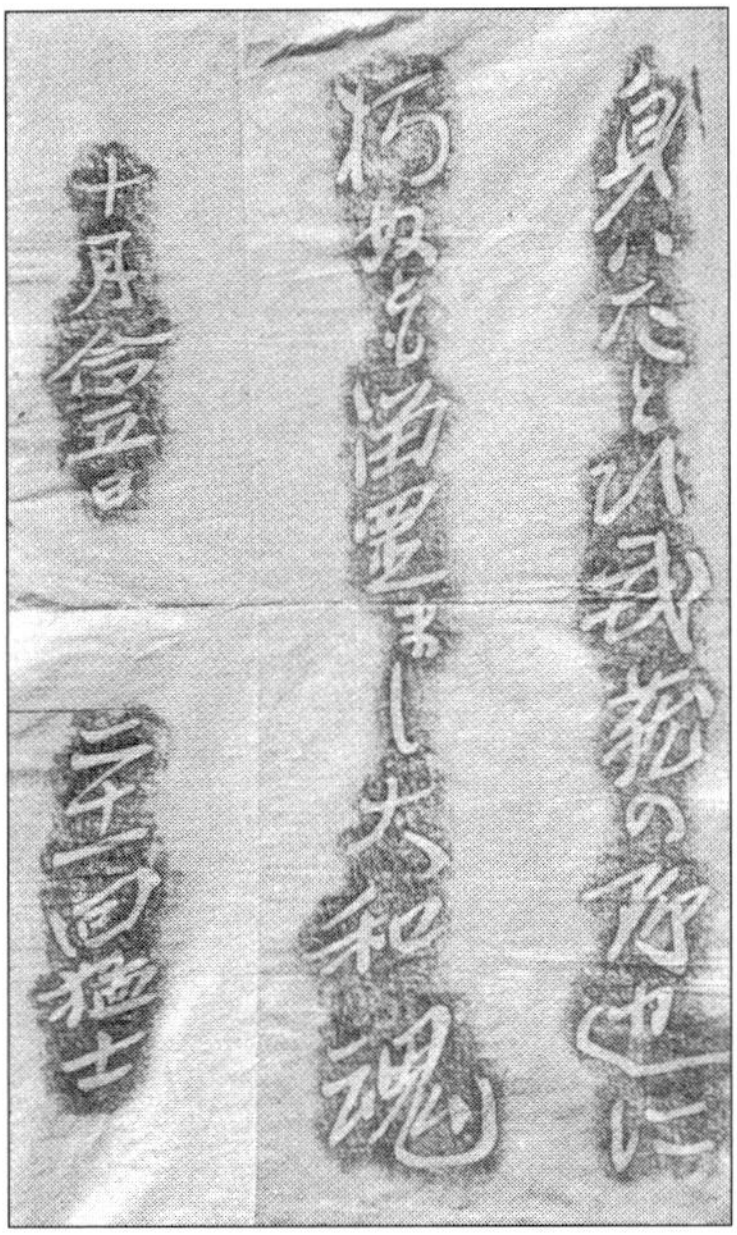

て短いもので、紙と筆記用具さえあれば、筆写するのに、おそらく数分もかかりません。初めて碑文を筆写されるという方には、打ってつけの「教材」です。

遠方の方、すぐには出向けないという方のために、この碑の拓本を紹介しておきますので、この拓本をホンモノの碑だと思って、筆写してみてください。なお、この拓本は、本山桂川の『いしぶみ日本史』（新人物往来社、一九七〇）の口絵ページに載っていたものです。

相当なクセ字です。しかし、まぎれもなく吉田松陰の筆跡です。

さて、この碑を筆写されようとした方の中に、最後の行の「十月■五日」の■のところで、筆が止まった方がおられるのではないでしょうか。「合」という字のようにも見えますが、への下に横棒が二本ありますから、「合」ではありません。「口」の部分は、よく見ると、「心」のようにも見えます。

ことによると、これは「念」という字かもしれないと思って、漢和辞典で「念」を引きます。これに「二十」の意味があると知って、問題は解決です。

こんなことをしなくても、インターネットで、「吉田松陰　辞世」などと検索し、■に相当する字を調べることも可能です。しかし、これは、松陰の辞世が有名なものだからこそ使える手です。もしあなたが、ローカルな碑、ほとんど無名の碑などを調べていらして、そこで、難字、クセ字に遭遇した場合には、この手は使えません。

参考までに、右の碑文を活字で示しておきましょう。ついでに、ルビも振っておきます。

身はたとひ武蔵の野辺《のべ》に
朽《くち》ぬとも留置《とどめおか》まし大和魂
十月念五日　二十一回猛士

この辞世は、吉田松陰の遺言書『留魂録《りゅうこんろく》』の冒頭にあるものです。松陰は、この書を安政六年

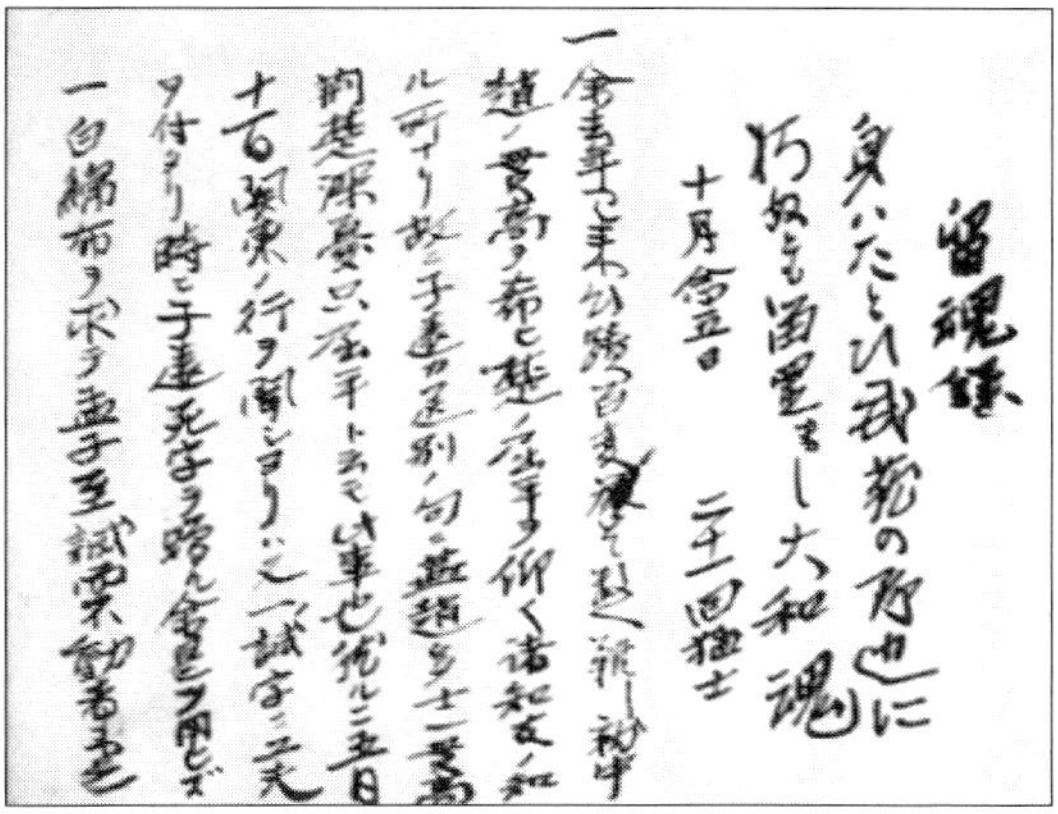
留魂録
身はたとひ武蔵の野辺に
朽ぬとも留置まし大和魂
十月念五日　二十一回猛士

（一八五九）一〇月二五日から書き始め、翌二六日の夕刻に書き終えたとされています。死刑執行は、その二日後の二八日でした。

この遺言書は、二通、作られたとされています。現存するのは、同囚の沼崎吉五郎に託された一通のみです。前ページに、その原文の冒頭部分を掲げておきました。[*54]

飛鳥山にある佐久間象山の「桜賦」

同じく東京で申し訳ありませんが、北区王子の飛鳥山公園に、「桜賦《さくらのふ》」と呼ばれる碑があります。幕末の洋学者・佐久間象山の「賦《ふ》」（美文）を刻んだものです。漢文で、七五九字からなります。佐久間象山（一八一一〜一八六四）が、吉田松陰の師に当たる人であったことは、よく知られています。

この碑もまた、有名なものです。眺めるだけなら誰でもできますが、その碑文を筆写するとなると、かなりの根気と時間を要します。しかし、やってみる価値はあるでしょう。というのは、佐久間象山は、この「桜賦」を、わが国に漢文体が伝来されて以来、唯一無二の傑作であると自負していたそうですから。[*55]

なお、この碑に関しては、紙と筆記用具だけを持参しても、筆写は困難です。黒い石に彫られた石碑ですので、字の判読は、困難をきわめます。字数も多く、その上に、次々と「難字」があらわれます。柵に囲まれていますので、双眼鏡を持参されるのは有効です。

しかし、双眼鏡以上に有効なのは、懐中電灯かもしれません。判読しがたい「難字」については、とりあえず、カメラで撮影しておく手があります。しかし、漢和辞典を持参するのは、あまり意味がありません。この碑で使われている「難字」は、ハンディな漢和辞典には載っていないものがほとんどだからです。

この碑を筆写するにあたって、私がお勧めしたいのは、あらかじめ、碑の全文が載っている文献をコピーしておき、[56]そのコピーと実際の碑文を対照させていくという方法です。それでは「筆写」にならない、とおっしゃるかもしれません。その通りですが、まず大切なのは、実際に碑の前に立って、一字一字を確認していくということです。

持参したコピーが、この碑の難字を、どのように処理しているかをチェックしていくのは、なかなか知的な作業です。持参したコピーに、誤記や脱字があるのを発見されるかもしれません。

この「桜賦」の碑には、碑陰にも碑文があります。「桜賦碑陰記」といって、撰文は、門人の北沢正誠《まさなり》です。この碑陰記によって、この碑が明治一四年（一八八一）に建てられ

54＊　山口県立博物館編『維新の先覚　吉田松陰』（山口県教育会、一九九〇）一七六ページより。
55＊　本山桂川『いしぶみ日本史』（新人物往来社、一九七〇）一八八ページによる。
56＊　たとえば、柄沢義郎『桜賦解釈』（金華堂書店、一九〇六）一〜六ページ。この本は、国立国会図書館のデジタルコレクションによって自宅でも閲覧でき、コピーも作成できる。

たことがわかります。なお、「碑陰」とは、石碑の背面のことを言います。

仙台市子平町にある「林子平之碑」

あなたが、仙台市周辺にお住まいであれば、一度、仙台市青葉区子平町《しへいちょう》にある龍雲院に出かけてみてください。そこには、江戸中期の経世家・林子平《はやししへい》（一七三八〜一七九三）の墓碑があります。「子平町」という町名は、林子平に由来します。

私は、二〇一八年の六月、仙台に出かけたついでに、龍雲院を訪ねてみました。まず、「林子平墓」を見学。墓碑は、覆屋《おおいや》によって風雨から保護されていました。「六無齋友直居士」という文字が読めます。「直」は、ナベブタの下に「旦」とある異体字「亘」です。こういったことは、現地まで行って、初めて確認できることです。

「六無齋友直居士」の両側に、文字らしいものが見えますが、劣化のため判読できません。あとから、「文化遺産オンライン」で「林子平墓」の項を閲覧し、「六無齋友直居士」の右にあるのが「行年五拾六歳」、左にあるのが「寛政五癸丑歳六月廿一」であることを知りました。

また、これもあとから知ったことですが、林子平は、幕府から罰せられた罪人だったので、寛政五年（一七九三）に没したときは、墓を作ることが許されず、この墓碑は、天保一三年（一八四二）になって、甥の林珍平が建てたものだそうです。[*57]

墓碑を見学したあと、その北隣にある「林子平之碑」を見学します。実は、今回、龍雲院を訪ねた主たる目的は、この「林子平之碑」を見ることにありました。この碑の存在は、以前、伊勢齋助編『林子平先生伝』（龍雲院、一九二七）という小冊子[*58]を読んで知りました。この冊子によって、この碑が、近代のものとしては、まれに見る「名碑」であることにも気づかされました。

この碑が名碑であることは、この碑の建立に関与した人物が、以下の人々であったことによって明らかです。

まず、篆額《てんがく》は三条実美《さねとみ》（一八三七～一八九一）。維新のあと、最初の太政大臣を務めた明治の元勲です。三条の政治的力量については、議論が別れるようですが、その篆書は立派なものです。碑には、「太政大臣従一位勲一等三條実美篆額」とあります。

撰文は、齋藤竹堂《ちくどう》（一八一五～一八五二）。江戸後期の儒者で、アヘン戦争について論じた『鴉片《あへん》始末』（一八四三）などの著書で知られています。碑には、「齋藤維馨撰」とあります。「維馨《いけい》」は諱《いみな》です。

後記は、伊藤博文《ひろぶみ》（一八一五～一八五二）。初代の内閣総理大臣を務めた明治の元勲です。

57＊　仙台市のホームページ「仙台市の指定・登録文化財」、「林子平墓」による。
58＊　この本の冒頭には、「林子平之碑」の碑文が掲載されている。ただし、正確さに欠ける。

立派な漢文で、後記を草しています。碑には、「参議兼内務卿正四位勲一等伊藤博文記」とあります。

書は、漢学者で書家の長三州《ちょうさんしゅう》（一八三三〜一八九五）。「日本近代の三書家の一人」と評されます。碑には、「長炗書」とあります。「炗《ひかる》」は本名です。

刻は、七代目廣群鶴《こうぐんかく》（?〜一九一七）。「谷中の広群鶴」として知られた名石工です。実名は、廣瀬群鶴。碑には、「廣群鶴鐫」とあります。鐫の音は「セン」、訓は「ゑる」で、「彫る」という意味です。

この碑には、少なくとも、以上五名の著名な人物が関わっています。この碑が、「名碑」であることが、おわかりいただけたかと思います。

この碑の碑文は長文です。原則として一行四十七字で、それが三十行もあります。しかし、「桜賦」と異なり、ほとんど難字はありません。ぜひ、「筆写」にトライしてみてください。ここでは、あえて、碑の全文を紹介することはせず、伊藤博文の後記のみを紹介しておきます。

明治十二年己卯十一月余奉命巡視奥羽過仙台訪林子平墓墓在荒径野艸之間石麤而小僅刻其
姓名字細苔蝕殆不可弁嗚呼天明寛政之際天下無事上下恬熙不復知海警為何事独子平懐嵬偉
之資察海外形勢深究攻守之策著海国兵談三国通覧諸書其意在欲警醒天下之耳目以謀綢繆於

未雨而廟堂不察斥為狂妄禁錮終身不得展其抱負厥後時事一変世之言海防者紛々而起要皆不能出乎子平之範囲此所謂先天下之憂而憂者豈得不謂豪傑之士也哉顧距其死未百年而其墓既荒可深慨也余慕子平之為人惜其湮没於是更樹貞石勒以齋藤維馨所撰之伝欲使其卓行偉節表著于後世亦発潜闡幽之意也参議兼内務卿正四位勲一等伊藤博文記

さて、この碑が建立された年月日ですが、せっかく現地まで行ったのに、確認してきませんでした。しかし、伊藤博文が林子平の墓碑を訪ねた「明治十二年己卯十一月」（一八七九年一一月）よりは後であることは、もちろんです。伊藤の肩書が「内務卿」となっていましたが、伊藤は、一八七八年（明治一一）五月一五日から一八八〇年（明治一三）二月二八日まで、第六代内務卿を務めています。伊藤が、この「後記」を草したのは、一八八〇年（明治一三）二月二八日より以前ということになります。これらから考えて、この碑の建立は、一八八〇年（明治一三）のことだったと推測します。

碑を訪ね、その碑文を筆写することの「効用」をまとめておきましょう。「歴史」を実感できる、頭を使う、関連する事柄について詳しくなる、などです。総じて言えば、「勉強になる」ということです。いくつかの碑を訪ね、碑文を筆写していくうちに、研究のテーマを見出すという「効用」もあるかもしれません。

第17講

同志を見つけ、研究会を立ち上げよう

本書は、皆さんに「独学」をお勧めしています。その本が、「同志を見つけ、研究会を立ち上げよう」などと言うのは、矛盾しているではないか、と思われるかもしれません。しかし、ちょっとお待ちください。

本書において独学者とは、既成の研究組織からの支援を受けることなく、独自に研究の道を歩んでいる人を指します。そういう独学者が、既成の学会や研究会に参加したとしても、「独学」の妨げにはならないでしょう。独学者が、既成の学会や研究会に参加して、さまざまな刺激を受けたり、今日における研究動向を把握したりするのは、むしろ結構なことではないかと私は思っています。

しかし、ここで申し上げたいのは、会に参加することの是非ではありません。独学者も、「研究の同志」を持つべきだということなのです。そうした同志とともに、新たに研究会を立ち上げてみるのもよいのではないか、ということなのです。ただし、この場合、自分も、その「研究の同志」も、それぞれが独学者であり、しかも、両者の関係は対等でなくてはなりません。

以下、そういったことについて、自分の経験などを踏まえて述べてみたいと思います。

「研究の同志」を見つけよう

独学者だからといって、孤立無援で研究を続けなくてはならない理由はありません。既成の学会や研究会に参加してみるというのも結構でしょう。しかし、それ以上に重要なのは、同じく独学者である「研究の同志」を求め、ともに支え合い、励まし合っていくことではないでしょうか。

とは言っても、「研究の同志」など、そう簡単には見つからないと思われるかもしれません。しかし、「案ずるより産むが安し」で、独学者として研究を続けていますと、意外なところや身近なところに、「研究の同志」を見つけることができるものです。

研究上の同志を求める手っ取り早い方法としては、既成の学会や研究会に参加して、そこで、気の合いそうな「独学者」を探すという方法があります。この場合、権威のある学会などは期待できません。そもそも、「独学」を指向しているような研究者は、あまり、そうした学会に入会していないからです。むしろ、有象無象の人物が集まっているような、小さな研究会が狙い目でしょう。具体的な名前は挙げませんが、今でもそうした研究会は、いくらでも存在します。機会を捉えて、そうした研究会に参加してみることをお勧めします。

その際に大切なのは、講演、研究発表などのあと、どういう会員が、どういう質問をするか、よく注意して聴いておくことです。もちろん、あなたがみずから「質問」をしてもよいのです。また、そうした研究会のあとには、しばしば「懇親会」などが催されますので、これにも参加して、参加者と交流を深められるとよいでしょう。

それでもなお、「研究の同志」が見つからない場合には、奥の手があります。周囲の友人・知人、学校の同級生、職場の同僚などを、つまり、気心の知れた友人や知人を、「研究の同志」にしてしまうのです。

「研究会」を立ち上げよう

研究の同志が見つかったら、研究会を立ち上げてみましょう。これは別に難しいことではありません。ザッとした流れを、説明してみましょう。

まず、メンバーと相談しながら、研究会の名称、要項などを決めます。このときのメンバーは、あなたを含め、数人だと思いますので、それほどモメることはないでしょう。人事などは、急いで決める必要はありません。

そして、ただちに活動を開始します。最初は、定期的に「例会」を開いていくのがよいでしょう。場所は、地域のコミュニティーセンターなど、使用料が安いところがよいでしょう。ファミリーレストラン、喫茶店などでもよいし、どなたかに、自宅の一室を提供していただいてもよいのです。

例会の中味ですが、どなたか、発表したいテーマ、発表できる材料を持っている方がいれば、その方に発表してもらいます。発表のあとは、相互に質疑応答、意見交換などをおこないます。

発表する人がいない場合は、古典・専門書などの輪読、史料（資料）の読解などをおこなうのもよいでしょう。地域にある史跡をメンバーで訪ね、フィールドワークをおこなうのも、よろしいかと思います。前講で、「碑文の筆写」をお勧めしましたが、これなどは、研究会のフィールドワークとして取り組みますと、楽しく、また有意義なものになると思います。

いずれの場合でも、日時、会場、発表者、テーマ、参加者などについては、記録を取っておくとよいでしょう。

こうした「例会」は、月に一度ぐらいが適当ですが、メンバーの都合に合わせ、二か月に一度、三か月に一度でもよいのです。まずは、「例会」を切らさないということを最優先とします。会の活動が、ある程度、順調になってきましたら、会のニュース、会報などを発行します。最初のうちは無理をせず、ごく簡単なものでよいと思います。

なお一言。あなたのまわりに、まったく「研究の同志」が見つからない場合でも、「研究会」を立ち上げることは可能です。会員一名の研究会で、もちろん、あなたが会長です。

そんな研究会を作って、何の意味があるのかと思われるでしょうが、意味はあります。調査や聞き取りなどの際、会長名の「名刺」を出すことができるからです。

機関誌を発行すると会員が増える

第3講でも述べましたが、私は、一九九〇年八月に「関東歴史民俗学研究会」という研究会を立ち上げました。最初のメンバーは私を含め四人でした。以前からの知人三人を「研究の同志」として誘ったのです。

装丁は浪花雅宏さん

一九九四年の夏の例会の折、例会に参加されていた批評社の佐藤英之社長に、機関誌の発行をお願いできないかというお願いをしたところ、何とこれが実現しました。一九九五年四月に、その第一号が出た『歴史民俗学』です。

第一号の巻末に、「関東歴史民俗学研究会へのお誘い」というものが載っています。参考までに、本講の最終ページに掲載しておきます（原文はタテ書き)。

こうして、機関誌を出してみますと、全国各地のさまざまな研究者から、次々と連絡が入りました。例会に参加したいと言われる方、例会には参加しないが、論文を投稿してくる方など、さまざまでした。本一冊分の原稿を送ってこられた方もいました。今にして思えば、その多くは、在野の「独学者」だったと思います。

機関誌『歴史民俗学』は、二〇〇六年八月に、第二五号を出して以来、休刊を続けていますが、こういった在野研究者向け、独学者向けの雑誌には、今なお、潜在的な需要があると信じています。

関東歴史民俗学研究会へのお誘い

関東歴史民俗学研究会は一九九〇年八月に発足した民間の研究団体です。会員は現在一〇数名、アマチュアが中心です。研究成果を発表でき、討論に参加できるというのが唯一のメリットです。独自の研究領域をお持ちの方、そういうものはないが、おもしろそうな会だと思われる方の参加をお待ちします。

記

◎名称＝関東歴史民俗学研究会

◎研究分野＝歴史、民俗学、歴史民俗学

◎活動内容＝年一回（または二回）の研究報告会。論集「歴史民俗学」の発行、歴史資料の復刻刊行、等。

◎参加資格＝特になし

連絡先【批評社の旧住所＝略】

◎これまでの研究テーマ　スラム論、サンカ論、明治初期警察制度論、柳田民俗学論、犯罪論、犯罪民俗学、呪術論、南島論、女装論、明治国家論、学校論、共同体論、いじめ論、等々（順不同）

第3部

研究成果は世に問うべし

——研究をカタチにする

第18講

先輩の苦労話を読んでみる

独学者の皆さんが研究を進めるに当たっては、少なくとも三つの関門が、皆さんの前に立ちはだかるはずです。ひとつは、この研究を「完成させる」までの関門、ふたつ目に、研究の成果を「原稿の形に仕上げる」までの関門、三つ目に、その原稿を、雑誌論文、あるいは著書の形とし、「みずからの研究を世に問う」までの関門です。[*59]

いずれも困難な関門です。しかし、乗り越えなければならない関門でもあります。以下では、先人が、こうした難関に直面したときの苦労話を紹介してみます。こうした苦労話を読んで、「自分には、とてもできない」、「自分は、そこまで苦労したくはない」と思うのではなく、「では、自分も挑戦してみよう」、「自分なら、こうして難関を乗り切る」と思うようでなくてはいけません。

ウェーバー研究の基礎を築いた梶山力

梶山力《つとむ》という社会経済学者がいました（一九〇九〜一九四二）。三二歳にして、肺結核に倒れましたが、マックス・ウェーバーの『プロテスタンティズムの倫理と資本主義の精神』

を最初に翻訳し、日本におけるウェーバー研究の礎《いしずえ》を築いた研究者です。梶山力は、プロの研究者であって独学者ではなく、また、日本史の研究者というわけでもありません。しかし、梶山力が『プロテスタンティズムの倫理と資本主義の精神』を翻訳したときの苦心談は、本書の読者にとっても、おそらく、参考になるでしょう。

マックス・ウェーバー著、梶山力訳『プロテスタンティズムの倫理と資本主義の精神』は、一九三八年（昭和一三）五月、「経済学名著翻訳叢書４」として、有斐閣から刊行されました。冒頭に、「訳者序文」が置かれています。この翻訳が、「多大の労苦」を伴うものであったことを語って、余すところがありません。以下に、これを紹介してみます（【中略】を入れて、かなり縮めています）。なお、ルビおよび下線は、引用者によるものです。

訳者序文

本書はマックス・ウェーバーの論文　Die protestantische Ethik und der »Geist« des Kapitalismus（zuerst 1904/1905）の邦訳である。【中略】

59＊　これらの関門は、プロの研究者にとっても、アマの研究者にとっても、共通である。ただし、研究にふさわしい環境（研究室、研究費など）があるかないか、発表の媒体（学会誌、大学紀要など）があるかないかなど、両者の格差は歴然たるものがある。

本書の飜訳は訳者から多大の労苦を奪つた。昨年の秋その飜訳を決意したときには、その仕事がさまで困難とは思はなかつたのであるが、進むに従つて此の論文の邦訳が、いかに容易でないかを知らねばならなかつた。短い言葉の中に深い思索と該博な知識との織り込まれた原著者の文章は、文法的には左程《さほど》解し難《がた》くないにも拘はらず、これを正確な邦語に移して、しかも邦訳にありがちの難渋さを少しでも避けようとするには、少からぬ努力を必要としたのである。殊に量において原著の半ばを占め、極めて多岐な、且つ含蓄に富んだ脚註は、飜訳にあたつて意外の苦心を必要とした。これらの付註も最初は、その全部を訳出する積りであつたが、あまりに多くの時間をとりすぎるために、遂《つ》ひにその一部分を省略して全部の訳出を断念しなければならなかつた。訳者の精力がそれに及ばなかつたのである。【中略】

訳者の個人的な点についていへば、本書の飜訳は種々の思ひ出を今後も伴ふであらう。一昨年の秋それに着手したときから、昨年夏一応その原稿が出来上つたときまで、訳者の身辺には種々の変化が起つた。ことにこの間における生活上の窮乏は、訳者に多大の苦痛を与へたものであり、日々の糧《かて》に憂悶したことはしばしばであつた。かうした事情のために、親戚或ひは友人に迷惑を及ぼしたことも多かつた。訳者が交友の術に長じてゐないだけに、友人の好意は尊重すべきものであつた。最後に尚《な》ほ、本書の原稿の整理と清書との、面倒な仕事に当つた訳者の妻の労苦についても一言させて戴きたい。それは極めて労の多く、しかも本書の完成には不可欠の仕事であった。訳者自身の仕事は単に他国語を移して邦語につくり上げる、いはゞ一種の技術工の仕事にしかすぎないのである。

昭和十三年三月十四日

湘南辻堂《つじどう》の茅屋《ぼうおく》にて　梶山　力（旧姓 田中）

梶山は、最後のところで、翻訳というのは、「一種の技術工の仕事にしかすぎない」と言っています。そうは言いながらも、梶山が、この仕事に全力を傾けたことは、文章全体から伝わってきます。脚註の一部を割愛したことを除けば、梶山にとっても、これは、自信を持って世に送り出すことができた翻訳書だったはずです。事実、この有斐閣版は、少なくとも、第九刷（一九四六年四月）まで版を重ねています。

梶山は、この訳者序文で、あえて「私情」をぶちまけています。序文末尾、下線を施した部分を、特に注意してお読みください。この翻訳を完成させるまでの苦労が、ナミタイテイのものでなかったことを、これらの文章は物語っています。研究者が、みずから納得のいくような研究を目指そうとすれば、その苦労は、家族・友人・知人までも巻き込んでいかざるをえないということです。

しかし、ここで私が申し上げたかったのは、後世に残るような研究というのは、本人・家族・友人・知人に、多大な負担を強いることがある、ということではありません。そういうことは、たしかにあります。しかし、ここで申し上げたかったのは、むしろ、本当に後世に残るような仕事は、家族・友人・知人らによって、そのように認識されるはずだし、それらの人々から、有形無形の支援を与えられるものだということなのです。

さて、梶山の翻訳は、戦後、岩波文庫に収録されました（上巻・一九五五、下巻・一九六二）。ただし、大塚久雄との共訳という形です。大塚久雄（一九〇七〜一九九六）は、経済史学者で、マックス・ウェーバー研究家としても知られていました。この梶山力・大塚久雄訳、岩波文庫版『プロテスタンティズムの倫理と資本主義の精神』は、その後、長い間、多くの読者に恩恵を与えました。私も、この梶山・大塚訳のお世話になった者のひとりです。

ところが、梶山・大塚訳の岩波文庫版は、一九八八年（昭和六三）以降、大塚久雄単独訳の「新版」になりました。これに対して、マックス・ウェーバー研究家として知られる社会学者の安藤英治《ひではる》（一九二一〜一九九八）が、大塚単独訳「新版」は梶山力の功績を抹消するものだと強く批判しました。[*60]

この一件は、一般にはあまり知られていませんが、日本におけるマックス・ウェーバー研究史の上では、かなり重大な事件だったと言ってよいでしょう。

この批判のあと、安藤英治は、マックス・ウェーバー著、梶山力訳、安藤英治編『プロテスタンティズムの倫理と資本主義の《精神》』（未來社、一九九四）を上梓しました。「梶山力訳」は、安藤英治というよき理解者・支援者を得て、ここによみがえりました。まさに、「捨てる神あれば拾う神あり」です。

▓中山太郎と『日本巫女史』（一九三〇）

中山太郎という民俗学者がいました（一八七六〜一九四七）。私は、昔から、この民俗学者を敬愛しています。それは何よりも、その著作や論文に惹かれているからですが、そればかりでなく、この優れた民俗学者の業績が、日本の民俗学の世界において、不当に無視されてきたことに、義憤のようなものを感じているからです。[61]

中山太郎は、『日本婚姻史』、『日本巫女《ふじょ》史』、『日本盲人史』といった大著で知られています。しかし、雑誌論文、エッセイなど、比較的、短いものに、ユニークで魅力的なもの

60＊〝附論　梶山力訳「プロテスタンティズムの倫理と資本主義の精神」は抹消されて然るべきか？〟安藤英治『ウェーバー歴史社会学の出立』（未來社、一九九二）。

61＊　中山太郎が、最もいきいきと執筆活動をおこなっていたのは、大正末年（一九二六）から昭和一一年（一九三六）までの約十年である。しかし、「日本民俗学」の確立（具体的には、一九三五年の「民間伝承の会」の発足）ののちは、その執筆活動は低迷していった。それは、「日本民俗学」の確立を境に、中山が民俗学の主流から離れた（外された）ことと無関係ではあるまい。なお、飯島吉晴「中山太郎の民俗学―そのテーマと方法を中心に―」（『日本民俗学』一六四号、一九八六）を参照のこと。

が多い、と私は感じています。[*62]

さて、その中山太郎の研究上の「武器」は、数万枚のカードに記録された情報、大胆でユニークな発想、旺勢な筆力でした。こういった武器を駆使して、多くの著作・論文を世に送りました。しかし、その中山でも、大きな研究をまとめ上げる際には、かなりの悪戦苦闘を経験したようです。

中山太郎というのは、正直で気取らない性格の人だったらしく、いろいろなところで、そうした悪戦苦闘を語っています。ここでは、『日本巫女史』（大岡山書店、一九三〇年三月）の「巻頭小言」を見てみましょう。なお、この「巻頭小言」の日付は、「昭和四年八月二〇日」となっています。ルビと〔注〕は引用者によるものです。

巻頭小言

実を言へば「日本巫女史」の著述は、私には荷が勝ち過ぎてゐた。私は長い間を油断なく材料を集めて来て、もう大丈夫だらうと思うて、今春〔一九二九年春〕から起稿したが、さて実際に当つて見ると、あれも足らぬ、これも足らぬと云ふ有様で、自分ながらも、その軽率に臍《ほぞ》を噛む次第であつた。

それに私の悪い癖は、研究の対象を何年でも育てゝゐる事が出来ぬ点である。常に発表にのみ急がれて、その研究を練る事が出来ぬ点である。之は学者としては此上もない欠点であつて、私は自分ながら学者の素質すら有してゐぬ者だと考えてゐる。

併し、十年越しの宿痾である糖尿病が一進一退してゐる上に、前後二十二年間の記者生活に労《つか》れた身の神経の衰弱は、私をして常に余命の長くない事を考へさせるのである。こうした事情は今のうちにウンと書いて置け、良いとか悪いとか云ふ事は別問題だ、先づ書く事が第一だと、巧遅よりも拙速を択ばせずには措かぬのであつた。こんな慌《あわただ》しい気分に追ひ懸けられながら筆を執る。資料の整理も字句の洗練も思うに任せぬのである。

殊に本年は気象台創設以来三回目という暑熱で、実に応えた。私は前々年〔一九二七〕に「売笑三千年史」を、前年〔一九二八〕に「日本結婚《ママ》史」を、本年は「日本巫女史」をと、三年続けて小著の執筆は、常に盛夏の交であつたが、本年の暑気には遂に兜を脱がざるを得なかった。陋屋《ろうおく》でペンを執つていると、流汗雨の如くで、強情にも我慢にも書き続ける事が出来ぬのである。加之《しかのみならず》、私の学問の力に余る難解な問題が続出する。私はすっかり悲観して了つて、これは筆を折つて出直すより外に致し方がないと、観念の眼を閉ずるに至つたのである。

62＊　かつて、中山太郎の文章を集めた『タブーに挑む民俗学』（河出書房新社、二〇〇七）というアンソロジーを編ませてもらったことがある。個人的な「好み」で、文章を選び、並べるという、得がたい体験をすることができた。

ここまでが、全体の約四分の一に当たります。かなり弱音を吐いていますが、中山太郎というのは、研究を順調に進めたあと、それを「原稿」にまとめる段階で苦しむタイプの研究者だったようです。

では、中山は、こういう厳しい状況を、どのように乗り越えたのでしょうか。

先ほど引用した箇所のあと、中山は、一転して、自分が郷里を出たころについての回想を始めます。中山には、梅子という季妹《きまい》（すえの妹）がいました。そして、上京に当たっては、その梅子を自分の養女とした上で、郷里の姉婿の家に預けてきたという事情を語るのです。再度、引用します。

季妹は夙《はや》く両親に先立たれる程の薄倖の者であつたゞけに、健康も恵まれてゐず、いづれかと云へば、蒲柳《ほりゅう》の質であつた。それに子供心にも両親に別れ、更に兄である私とも離れなければならぬことゝなり、姉婿とは云へ兎《と》に角《かく》に多少の気苦労をせねばならぬ境遇に置かれ、それやこれやで小さき心身を痛めたものか、間もなく不治の病気に襲はれた。

私は学窓に居て此の通知に接したので、学業の閑を偸《ぬす》んでは帰郷し、療養の方法を尽くし、慰めもし、看護もしたが、ついに明治三十二年の徂《ゆ》く春と共に、私の膝に抱かれたまゝ「兄やん、兄やん」と私の名を呼ばりながら帰らぬ旅へ赴いてしまつた。私は亡くなつた両親が、私が妹を愛することの足らぬのを草葉の陰から見て、妹を自分達の手許へ迎へたものゝやうに考へられ、自責の念と骨肉の愛とで、かなり苦しめられたものである。私は、私の学問のために季妹を殺してしまつたのであると考へざるを得ぬのである。

爾来、燕雁去来《えんがんきょらい》ここに三十年、季妹の小さき石碑は苔の花に蒸されて「碧雲童女」の法《ほう》名《みょう》さへ読みわかぬ迄でになつて了《しま》つたが、妹の姿は常に私の眼底に残つてゐて、私の下手な《ママ》横好きの学問の為に犠牲となつた事を憶ひ出すと、いつでも「可愛さうな事をした、誠に済まぬ事をした」と双類《そうきょう》を伝《つたわ》り流るゝ涙をどうする事も出来なかつた。私はこの巻頭小言を書くにも、眼頭《めがしら》から熱いものが、紙の上に落ちるのを止める事が出来ぬのである。

巫女史の執筆が思ふように運ばぬ折に、此の妹のことを追懐した私は「私の学問のために死んでくれた妹の為に本書を完成し、そして霊前へ手向《たむ》けてやらう、これこそ妹を追善する唯一の方法である」と考へつくと、今度はそれに勇気づけられたか、暑熱も忘れ、難問も苦にならず、殆ど筆も乾かず一万言、ペンに亡妹の霊が乗り移つたのか踊るように奔《はし》つて往《ゆ》く。斯《こ》うして書きあげたのが即ち本書である。【後略】

引用が長くなっています。しかし、ここは大事なところですので、あえて長い引用を避けませんでした。

中山は、「執筆が思ふように運ばぬ折に」、自分の学問のために犠牲になった妹を思い出し、この研究を完成させることが、「妹を追善する唯一の方法である」と考えました。そう考えたとたん、ペンに妹の霊が乗り移ったかのように、執筆が進んだというのです。

ペンに妹の霊が乗り移る――そんなことはありえない。そう思われる読者も多いかと思います。おそらく、その通りでしょう。しかし中山は、こういう言い回しで、学問に懸ける自分の「執念」を語ろうとしたのです。

学問研究の上で、大きな難関に直面することは、プロ・アマを問わず、どんな研究者にもあることです。そんなとき、その難関を打開するカギは、やはり、その人の「学問に懸ける執念」ではないでしょうか。中山の「巻頭小言」は、そんなことを教えてくれる貴重な文章のように思います。皆さんも、研究の途上で、弱音を吐きたくなったときは、どうか、この文章を思い出していただきたいと思います。

佐々木喜善と『農民俚譚』（一九三四）

佐々木喜善《きぜん》という民俗学者がいます（一八八六～一九三三）。岩手県上閉伊《かみへい》郡土淵《つちぶち》村（現・遠野市土淵）に生まれ、昔話など口承文学の収集、研究をおこないました。柳田國男の名著『遠野物語』（聚精堂、一九一〇）は、佐々木喜善が提供した遠野の今昔譚をまとめたものです。[*63]

佐々木喜善は、『東奥異聞《とうおういぶん》』、『農民俚譚《りたん》』、『聴耳草紙《ききみみぞうし》』、『老媼夜譚《ろうおうやたん》』などの名著を残していますが、民俗学者、文筆家としては概して不遇でした。すぐれた資質、豊富な研究素材、旺盛な執筆力を持ちながら、その研究成果を発表する機会には、あまり恵まれませんでした。

本山桂川《もとやまけいせん》（一八八八～一九七四）という民俗学者がいます。この人は、佐々木のよき理解者であり、また有力な支援者でもありました。[*64] 佐々木は、一九三三年（昭和八）九月に亡くなりましたが、本山は、故人の旧稿を集め、早くも翌一九三四年（昭和九）五月に、『農民俚譚』（一誠社、一九三四）という本を刊行しています。[*65]

その巻末に、「追想　佐佐木喜善君の遺業と其晩年（本山桂川）」と題する後記が付されています。一九ページに及ぶ周到な佐々木喜善論になっていて、故人の人柄と業績を語って余すところがありません。この「追想」の中で、特に印象に残ったところを引いてみま

63＊　『遠野物語』の冒頭に、「此話はすべて遠野の人佐々木鏡石君より聞きたり、昨明治四十二年の二月頃より始めて夜分折々訪ね来り此話をせられしを筆記せしなり、鏡石君は話上手には非《あら》ざれども誠実なる人なり」云々とある。「鏡石」は、佐々木喜善が、当時、用いていた筆名。

64＊　佐々木喜善著『東奥異聞』（坂本書店、一九二六）は、「閑話叢書」の一冊として刊行された。この企画・編集を担当したのは、本山桂川であった。

65＊　この本は、著者の死から八〇年以上経過しているが、国会図書館は、いまだインターネット公開をしていない。

す（一八六ページ）。

仙台に於ける彼が最後の仕事は、『民間伝承』といふ雑誌の創刊であつた。創刊に当つては、前後殆ど五十日間、無理な工風《くふう》に日夜を費した挙句《あげく》、遺憾ながら謄写版刷《ずり》でしか出せないということになつた。私は自分の経験から、其仕事の労して効なき所以を指摘し、極力思ひとゞまるように忠言した。大方の人がまことによい思ひ付きだ、大いにやつてくれと、無責任なる賛意を表するに反し、止めろというのは君だけだと、感謝はされたものの、彼としては何としても思ひ切れなかつたと見え、昭和七年三月其創刊号を出し、次《つい》で第二号が五月に出た。それも、第二号からは半紙判五十頁の原紙を一切自分で書いた。しかも初め六十頁分書き、鉄筆を擱《お》いてさて刷つて見ると不馴《ふな》れの悲しさ、すつかり駄目だつた。それを全部棄てゝ、再びやり直すという惨憺たる苦心であつた。「そのために完全に私はまゐつてしまつて一週間ばかり病気になつた」と編輯後記に書いてゐるが、実は彼の病気は、それよりも前に無理が嵩《こう》じてゐたのである。

本山によりますと、佐々木は、一九三二年（昭和七）三月五日に、『民間伝承』の創刊号が出来上がったと聞いて、翌六日の朝、仙台市内の印刷屋に向かおうとしたところ、「街頭が真赤に見え」、そのまま倒れたそうです。[*66] このときは、いったん回復したようで、同年五月には第二号を出していますが、この際に非常な無理があったことは、「追想」にあった通りです。

結果的に言えば、雑誌『民間伝承』の発行にともなう苦労が、佐々木の寿命を縮めたと言ってよいでしょう。佐々木は、『民間伝承』第三号の発行を果せないまま、一九三三年（昭和八）九月二九日、帰らぬ人となりました。享年四八。

それにしても、佐々木喜善は、なぜそれほど、雑誌の発行にこだわったのでしょうか。

これはやはり、自分の研究を発表できる媒体に恵まれていなかったからだと思います。本当のところを言えば、佐々木も、中央の総合誌や権威ある専門誌に、自分の研究を掲載してもらいたかったに違いありません。それが容易でなかったので、みずから雑誌を創刊しよう考えたのでしょう。その雑誌も、経費の関係で、謄写版刷り（ガリ版印刷）で出すことになりましたが、本心としては、活版印刷で出したかったところでしょう。

佐々木喜善は、すでに研究者としての実績があり、中央に人脈も持っていたはずです。それでもなお、研究を発表できる媒体を見つけるのは容易でなかったのです。

なお、右の引用によれば、本山桂川は、佐々木がガリ版印刷で雑誌を出そうとしたとき、

66＊『民間伝承』第二号の「編輯後記」に、佐々木喜善がそう書いている。ただし、「編輯後記」は、本山桂川執筆「追想」からの重引。

思いとどまるように忠告しています。実は本山は、ガリ版印刷についてはプロでした。みずから鉄筆を握り、多くの本を出版した経験を持っていました。[*67]『謄写版印刷術の秘訣』（崇文堂、一九二六）という本まで出している人です。そのプロの目から見て、ガリ版印刷は、佐々木のような素人には難しいと考えたのでしょう。

さて、この本の読者の中にも、研究を発表したいが、なかなか、その媒体が見つからないと悩んでおられる方があるでしょう。すなわち、みずからの研究を世に問う際の関門です。しかし、みずからの研究を世に問う手段にはさまざまなものがありますので、あまり焦らずに、そうした手段を探していきたいものです。とにかく、無理をして寿命を縮めることだけは避けなくてはなりません。

第19講 見習うべき論文を見つける

独学者は、独学の途上で、いろいろな論文に目を通します。そうしているうちに、素人なりに、論文には、優れた論文とそうでない論文があることに気づきます。優れた論文だと思ったものは、常に手元に置いて模範とし、何度も読み直しましょう。そして、その論文のどこが優れているのかを、分析・研究してみることをお勧めします。こうしたことは、いずれ、みずからが論文を執筆する際、必ず役に立ちます。

以下、参考までに、礫川が以前から、「模範としたい」と思ってきた論文を、三つ紹介してみます。

後藤象二郎を論じた浅井論文（一九五八）

最初に紹介するのは、公法学者の浅井清（一八九五〜一九七九）が書いた「大政奉還と後

67＊ 佐々木喜善著『縁女綺聞』（民俗文芸特輯二）は、一九三〇年（昭和五）五月、本山桂川主宰の日本民俗研究会から、謄写版で刊行された。本山桂川が、みずから鉄筆を握って製版したものであろう。

藤象二郎の公儀政体論」という論文です。この論文については、すでに本書第7講で紹介していますが、本書以外では、あまり援用されることがないかと思いますが、たいへん優れた論文です。

その趣旨は、土佐藩士の後藤象二郎が、大政奉還において果した役割を再評価しようというものです。後藤象二郎を再評価するに当たって、浅井は、その当時の流れ——船中八策、薩土協定、同協定破棄を経て土藩建白へ、さらに薩長同盟から大政奉還へといった流れを、きわめて巧みに整理しています。そればかりでなく、薩摩の二重外交——土佐藩による「大政奉還」建白を支持する一方、長州藩の倒幕路線も支持する二重外交、薩長間に生じていた確執、あるいは、土佐藩内部における討幕派の存在、などの複雑な問題についても、わかりやすく説明しています。

何よりも興味深いのは、当時三〇歳であった後藤象二郎が、常人には及ばない熱意と行動力によって、関係者に公議政体論＝大政奉還論を説いてまわり、最終的に大政奉還を実現させていった経緯を、詳細に、かつイキイキと描写しているところです。これを読んで私は、後藤象二郎という人物に対する認識を新たにしました。

ただし、歴史が示す通り、こうして「大政奉還」に向かった動きは、その後、一挙に武力倒幕、王政復古クーデターという流れに突き進んでいきます。結果的に見れば、後藤象二郎が推進した「大政奉還」路線は、薩長・公卿勢力を中心とする「武力革命」の露払いでしかなかったようにも見えます。

しかし、それはあくまで結果論です。現実に起こりえた変革の態様には、「明治維新」＝武力革命以外にも、さまざまなバリエーションがあったとみるべきです。後藤象二郎が構想していた「天皇中心を標榜《ひょうぼう》した公議政体」（徳川家は、「上院の主宰者」としての地位を確保する）も、そうしたバリエーションのうちのひとつであり、また、最も現実的なものだったと言ってよいでしょう。

浅井清の論文は、私にとって、「明治維新」とは何だったのか、ということを考えさせてくれる、非常に刺激的な論文でした。

なお、この論文は、技術的な意味においても、優れた論文と呼ぶにふさわしい特徴を持っています。執筆者のオリジナルな視点が示されていること、論理展開が自然で、かつ説得力があること、興味深い史料が惜しげなく、またタイミングよく提示されていること、などです。なお、これは読んでいただくとおわかりになると思いますが、エピローグが醸し出す余韻も、ナカナカのものです。

大津事件を論じた新井論文（一九九四）

次に紹介したいのは、法制史学者・新井勉さん（一九四八〜）の論文〝「大津事件」の再構成〟です。

この論文は、当初、『法制史研究』第四二巻（一九九三年三月）に掲載[*68]され、その後、新井勉著『大津事件の再構成』（御茶の水書房、一九九四）に収められました（同書、第三章）。

私は、一九九五年前後に、大津事件に関心を抱き始めました。そのキッカケは、児島惟謙著『大津事件手記』（築地書館、一九四四）を入手したことでした。関係の書物をあさっているうち、図書館で、新井さんの『大津事件の再構成』を見つけて一読しました。その面白さに圧倒され、大津事件に対する関心は、それまでよりズッと深いものになりました。その『大津事件の再構成』に収録されている論文は、優れたものばかりですが、ここでは特に、〝「大津事件」の再構成〟を採り上げてみます。なお、『法制史研究』第四二巻に掲載された初出論文と、『大津事件の再構成』の第三章とは、基本的に同じものですので、以下では、『大津事件の再構成』第三章を参照しながら、引用・コメントをおこなっていくことにします。

論文の最初のほうに、次のようにあります（一〇二ページ）。

本稿が従来の研究の屋上屋をかしてなお一つの研究を加えようとするのには、二つの理由がある。一つは、従来多くの研究が重要資料として参照してきた児島惟謙の手記のとり扱い方に疑いがあることだ。私は、児島の手記の内容には作為があると思うし、児島が手記の中でのべた事件の見方には無理があると思う。もう一つは、従来多くの研究が前提と

していた「ロシアの報復を恐れた政府が犯人を死刑にするよう裁判所に圧力をかけた」という図式（児島が手記の中でのべた見方）に疑いがある。政府の裁判干渉を「ロシアの報復を恐れた」ことに起因するという見方は、おそらく正しいものではない。……

こうして新井さんは、この論文が「通説」に挑戦するものであることを明らかにしたわけです。

論文の末尾のほうには、次のようにあります（一二二ページ）。

……資料をよみ直すことによって、本稿は、新しい大津事件の見方を呈示してみた。それは、権力構造との係わりにおいて、明治天皇の裁判干渉というものを構図の真ん中においたものである。資料と私の力量の乏しさにもかかわらず、事件の核心に迫ることができたのではないかと思う。

新井さんは、一方で児島惟謙の手記に「作為」を見出し、他方で当時の権力構造を分析

68＊『法制史研究』第四二巻に載せた論文は、法制史学会第四四回総会（慶応義塾大学、一九九二）の二日目（四月四日）に報告したものを整理し、加筆したものだという（同誌同巻一二二ページ）。

することによって、この事件の「再構成」を試みました。その結果、この事件の「核心」が、「明治天皇の裁判干渉」にあるという結論に至ったのです。

四八ページに及ぶ論文の内容を、あえて短くまとめますと、犯人を死刑にするよう裁判所に圧力をかけたのは「政府」ではなく、「天皇」だった、ということになるでしょう。そして新井さんは、このことこそが、「事件の核心」であると主張したのです。実に大胆な主張です。

新井さんは、この主張を裏付けるような決定的な証拠をつかんだわけではありません。しかし、状況証拠を着実に積み重ねながら、「事件の核心」に迫っていったのです。

この論文を最初に読んだとき私は、こういう論文の書き方もあるのかと驚かされました。一度は、こんな論文を書いてみたいものだと思いました。ちなみに新井さんは、論文の末尾で、みずからにふたつの課題を付しています。そうした上で、「私には重い宿題ができたように思う」と述べて、この長い論考を締めくくっています。こういう謙虚な姿勢にも、私は感心させられました。

開戦と敗戦を論じた河原論文（二〇〇八）

三番目に紹介したいのは、思想史学者・河原宏（一九二八〜二〇一二）の〝「開戦」と「敗戦」選択の社会構造〟という論文です。

たしか、二〇一二年の年末だったと思いますが、五反田のブックオフで、河原宏著『〈新版〉日本人の「戦争」――古典と死生との間で』（ユビキタ・スタジオ、二〇〇八年八月）という本を手に取りました。内容を一瞥し、読まなければならない本だと直感しました。帰りの電車の中で、まず、「II「開戦」と「敗戦」選択の社会構造―― 〝革命より戦争がまし〟と〝革命より敗戦がまし〟」を読みました。実に、すばらしい論文で、一気に読みました。

家に帰ってから調べてみて、著者の河原宏は、その年の二月二八日に亡くなられていることを知りました。また、河原の『西郷伝説――「東洋的人格」の再発見』（講談社現代新書、一九七一）が発刊された当時、これを購入して一読したことを思い出しました。

「新版のためのあとがき」（河原宏執筆）によれば、ユビキタ・スタジオから出された〈新版〉は、一九九五年四月に築地書館から出された同じタイトルの本（サブタイトルも同じ）を復刊したものでした。築地書館版とユビキタ・スタジオ版とでは、収録されている論文に違いがありますが、〝「開戦」と「敗戦」選択の社会構造〟という論文は、両方の版に入っています。この論文は、築地書館版の刊行に当たって、書き下された模様です。

また、同書には、河原の死後の二〇一二年一〇月に刊行された講談社学術文庫版もあります（底本は、ユビキタ・スタジオ版）。以下では、ユビキタ・スタジオ版を参照しながら、引用・コメントをおこないます。

さて、この河原論文ですが、何と言ってもすばらしいのは、その「切り口」です。この切り口を用いれば、昭和史の真相を覆い尽くしている深い霧も、たちまちのうちに晴れてくる感があります。

少し引用してみましょう（八六〜八七ページ）。

「開戦」（十二月八日）は、戦争（外戦）か革命（内戦）かの選択だった。戦争か平和かの選択ではなかった。「開戦」をめぐる選択と決定が、きわめて切迫した情勢の下でなされたことはいうまでもなく、したがって戦争の回避が平和の選択にはならず、内戦、ひいては革命の危機に直面することを意味していた。少なくもそう思われていた。こうして日本の支配層は〃革命よりは戦争がまし〃という形で「開戦」を選んだのである。［9］

同じことは「敗戦」（八月十五日）にも当てはまる。それは革命（内戦）か敗戦かの選択だった。ここでも天皇を含む日本の戦争指導層は国体の護持を至上命令としたから、〃革命よりは敗戦がまし〃という形で「敗戦」を選んだ。天皇の命令によって戦いをやめる終戦によってなら、国体が維持される可能性はある。しかし、戦争を継続して本土決戦に突き進むことは、上陸米軍との戦闘もさることながら、その間に抗戦派と降伏派、日本人同志、日本軍同志の内戦をひきおこす。【以下略】

こういう明晰で説得力のある文体で、河原は、自説を展開していきます。ところで、右に引用した文章の中に、［9］とあるのは、注の番号で、その注には、次のようにありました。〔 〕内の注は、引用者によるものです。

［9］――〝革命よりは戦争がまし〟という指摘は、日米開戦直後に書かれたヒュー・バイアスの「敵国日本」で述べられていた。彼は近衛内閣の時におこった「支那事変」について「それが不必要な戦争であることを近衛が知らぬはずがなかった。ただ彼は国内における反乱や革命にくらべては支那との戦争の方がまだましだと考えたのである」と書いている。バイアスはニューヨーク・タイムス、ロンドン・タイムスの特派員として日本に二十八年間滞在し、開戦当時大部分のアメリカ人にとってほとんど未知の国、しかも敵国となった日本を紹介したその原本は、第一回交換船で日本に伝えられていた。彼は日本の軍事力の侮りがたい強大さをアメリカ人に警告すると共に、その致命的弱点をも的確に指摘している。それ故、この本は当然戦時下の禁制書目に入れられて一般の眼にふれることはなかった。ただ厳重な監視の網をくぐって一部が抄訳され、近衛〔文麿〕や木戸〔幸一〕ら有力者の間で回読されていた。【以下略】

論文の最後のほうで、河原は、「近衛上奏文」について触れています。この注［9］は、その伏線になっているわけです。この上奏文は、『敵国日本』[*69]を読んでいた近衛文麿が、「革命」を恐れるあまりに書いたものであることは見やすいところです。

おそらく河原は、〝革命よりは戦争がまし〟という視点を、ヒュー・バイアスの『敵国日本』から学んだのでしょう。しかし、〝革命よりは敗戦がまし〟という視点は、あくまでも河原宏独自のものです。

私は、この河原論文を読み、普通選挙、治安維持法、二・二六事件、日中戦争、日米戦争、そして敗戦という戦前の流れが、初めて見えてきました。同論文は、講談社学術文庫で容易に読めますので、皆さんにも、ぜひ一読をお勧めしたいと思います。

第20講 自分の文体を確立しよう

あなたは、文章を書くとき、「文体」ということを意識されていますか。こういうふうに申し上げますと、読者の皆さんの中には、「そもそも私は、ほとんど文章を書かない」、「文章は書くが、文体なるものを意識したことはない」、あるいは「そもそも、文体とは何なのか」などと反応される方もあるでしょう。

まず、「文体」の意味ですが、『広辞苑』（第五版）を引きますと、「①文章のスタイル。語彙・語法・修辞など、いかにもその作者らしい文章表現上の特色。……②文章の様式。国文体・漢文体・洋文体または書簡体・叙事体・議論体など。」となっています。これに

69＊『敵国日本』の刊行は、パールハーバーの七〇日後という。ということは、一九四二年二月に刊行されたことになる。おそらく、ヒュー・バイアス〔Hugh Byas〕は、パールハーバーの直後に筆を執ったのであろう。戦後、雑誌『世界』は、その創刊号（一九四六年一月）、および第二号（同年二月）で、同書の抄訳を掲載した。また、二〇〇一年一〇月には、刀水書房から、内山秀夫・増田修代訳『敵国日本――太平洋戦争時、アメリカは日本をどう見たか？』が刊行された。

ならって、ここでは（本書では）、「文体」を、「その人らしい文章表現のスタイル」、または、「文章のさまざまな様式」と理解しておくことにします。

ふつうの日常生活を送っている限りでは、文章を書くことはあっても、「文体」を意識するということは、ほとんどないと思います。しかし、学問研究というフィールドで、何らかの思想を表現するということになりますと、その思想を盛るにふさわしい、その人なりの「文体」（文章のスタイル、文章の様式）を意識しないわけにはいきません。

この「文体」は、あくまでも「その人なり」のものです。独学者である皆さんには、それぞれ、自分の好みでこれを選び取り、あるいは、自分の努力によってこれを創り出していただかなくてはなりません。

もちろん、模範になるような「文体」があれば、それを参考にしていただいてよいのです。「文体」に特許権はありません。先学が[*70]血のにじむような努力で創出した「文体」を盗むことは、後学の特権だと割り切りましょう。

というわけで、皆さんが、ご自身の「文体」を確立するに当たって、参考になると思われる文章を、以下に、いくつか紹介しておくことにします。

福沢諭吉の文章は句読点なしでも読める

福沢諭吉は、一八七三年（明治六）ころ、「演説」の重要性に気づき、私邸の二階などで

「演説」の会席を開き、演説の普及に努力していました。しかし、こうした福沢の努力は、なかなか理解してもらえませんでした。

最初に紹介する文章は、福沢諭吉が、そのころの苦い思い出を語っているもので、「福沢全集緒言」にあります。「福沢全集緒言」の初出は、『福沢全集』第一巻（時事新報社、一八九八）ですが、引用は、『福沢撰集』（岩波文庫、一九二八）からおこないました。ルビは、岩波文庫版にあったもの以外、施しておりません。〔 〕内は、引用者による補注です。

……此新法〔演説〕を日本国中に弘めんとは吾々本来の冀望にして去年以来塾外の親友には事の次第を語り兎も角もして其同意を求めんとすれども何分にも新奇のことにして応ずる者少なし其時明六社《めいろくしゃ》とて箕作秋萍、津田真道、西周助、加藤弘之、杉亨二、森有礼等の諸氏と折々会合することありしかども演説の一事に付ては何れも半信半疑にて之を共にせんと云ふ者なし就中森有礼氏の如きは年は少《わ》かけれども異論を唱へ西洋流のスピーチュは西洋語に非ざれば叶はず日本語は唯談話応対に適するのみ公衆に向て思ふ所を述ぶ可き

70＊　今日の日本語の「文体」を創り出す上で、最も功績があったのは福沢諭吉である。そのことを、明確に、かつ具体的に指摘したのは、佐藤忠男氏である。佐藤忠男『論文をどう書くか』（講談社現代新書、一九八〇）、特に、5-2「さまざまな文体——福沢諭吉」を参照されたい。

性質の語《ことば》に非ず云々など反対するゆゑ余は之を反駁し一国の国民が其国の言葉を以て自由自在に談話しながら公衆に向て語ることが出来ぬとは些少の理由なきのみならず現に我国にも古来今に至るまで立派にスピーチュの慣行あり君は生来寺の坊主の説法を聴聞したることなきや、説法を聞かずとならば寄席《よせゝき》の軍談講釈にても滑稽落語《ばなし》にても苦しからず都て是れ一人の人が大勢の人を相手にして我が思ふ所を述るの法なれば取りも直さずスピーチュなり講釈師落語家はスピーチュが出来て吾々学者には出来ぬと云ふ訳けの分らぬ説なり云々と反覆議論すれども中々屈服の色なし……

この文章を見て、「こんな、ろくに句読点もない文章など、読めるわけがない」、「こんな文章は、とても模範にはならない」と思われたかもしれません。ちょっと、お待ちください。一見すると読みにくい文章ですが、実際に読んでみますと、スラスラと読めるのです。言わんとするところが明瞭で、論理の流れも自然です。だから、句読点がなくても十分に意味が通じるのです。

実は、ここで福沢は、みずから苦心の末に生み出した文体を使っています。福沢が生み出した文体は、ひとつやふたつではありませんが、[*71] ここで使われている文体は、『広辞苑』のいう「議論体」に分類できるものだと思います。おそらく福沢は、明六社における「議論」の中で、この文体を確立していったのでしょう。

一方で、この文章は、どことなく「演説」を感じさせるものがあります。おそらく、一八七三年（明治六）以来、重ねてきた演説（スピーチュ）の実践が、文体に反映しているようです。その意味で、ここでは、この文体を「演説調」と呼んでおくことにします。

無名の勤皇家を回想する石黒忠悳

石黒忠悳《ただのり》の『懐旧九十年』という本については、すでに第5講で取り上げています。この本は、その内容に興味深いものがあるのはもちろんですが、その文章がまた優れています。

左に、「これは」と思う箇所を、少し引いてみます。これは、石黒忠悳が若いころに出会った、大島誠夫という熱心な勤皇家とともに、京都まで旅行したときのことを回想しているところです。石黒の筆は、大島誠夫という勤皇家の言動を、いきいきと、また鮮やかに描き出していますが、この大島誠夫は、歴史的にはまったく無名の人物のようです。

引用は、岩波文庫版（一九八三）からではなく、底本の『石黒忠悳　懐旧九十年』（博文館、一九三六）からおこないます。底本には、一切ルビがありませんが、岩波文庫版を参

71＊　佐藤忠男氏は、福沢が創り出した文体を、「講釈調」、「児童向き七五調」、「論説用文語体」、「座談ふう言文一致体」、「挑発的啖呵《たんか》」、「訓話体」の六つに分類している。注70文献参照。

照し、適宜、ルビを振りました。〔 〕内は、引用者による補注です。なお、「大島誠夫」については、岩波文庫版でもルビはなく、その読みがわかりません。

> 翌日は又大島〔誠夫〕氏に導かれて宿を出《い》で、道すがら大仏など見物し、泉涌寺《せんゆうじ》に詣《もう》でて本堂前の中門外で跪《ひざまず》き御陵を礼拝しました。併し御堂《みどう》内の御歴代の御霊牌は残念乍《なが》ら参拝出来ないのです。大島氏は、
> 「君は初めての上京故《ゆえ》、近き御歴代の御陵は勿論未だ拝さぬのだが、是非拝するが良い。畏《おそ》れ多い事だが、裏の小高い処から拝し奉《たてまつ》る方法がある。」
> 然《そ》う言つて本堂に向《むか》つて右へ迂廻し、径《みち》もない雑木林《ぞうきばやし》を踏み分けて小高い処へ出ました。そこから木の枝へ手をかけて伸上《のびあが》り、親しく御陵を拝しました。何たる事か、近き御歴代の御陵と申すのは、高さ僅《わず》かに十尺《じっしゃく》足らずの御石塔で、江戸ならば一万石《ごく》以下の小大名の墓程のもので、狭い一郭のうちに、御数代の御石塔が並び建ててある。私は、往年父に伴はれて、上野の東照宮へ参詣をした時のことを端《はし》無く想ひ出し、彼《あ》の黒板塀《くろいたべい》のうちに聳《そび》えた金壁燦爛《きんぺきさんらん》たる楼閣の立派であつた幕府の霊屋《れいおく》と、今此の泉山《せんざん》御陵の微々たるとを対比して無量の感慨に打たれ、落涙禁じ得なかつたのです。……

一読されればおわかりのように、この文章は、きわめて明晰にして簡潔です。

ところで、この『懐旧九十年』という本は、石黒忠悳自身が筆を執ったものではなく、石黒が語ったところを、坪谷《つぼや》善四郎という編集者が、筆記し編集したものです。しかし、語っているのは石黒本人であり、また石黒による校閲を経ているとのことなので、基本的に、石黒の文章だと言ってよいでしょう。おそらく、石黒は、講演、座談、聴き取りなどの場で、巧みな話術を操ることができた方だったと想像します。

さて、この文章の文体ですが、『広辞苑』のいう「叙事体」に分類できます。一方で、この文章の明晰さ、簡潔さの秘密は、「話された言葉」を基調とする文体にありそうです。その意味でこの文体を、ここでは「座談調」と呼んでおきたいと思います。

ふたつの文体を操った瀧川政次郎

瀧川政次郎という学者がいます。この人の名前は、すでに本書第11講に登場しています。瀧川は、行動する学者でした。東京裁判で、嶋田繁太郎《しげたろう》海軍大将の弁護人を務めたこともありますし、いわゆる「熊沢天皇」の「吉野巡幸」に同行したこともあります。私生活の面でも、なかなか話題の多い人で、高橋和巳《かずみ》の小説『悲《ひ》の器《うつわ》』に出てくる大学教授は、瀧川政次郎をモデルにしていると言われています。まさしく、異色の学者と言ってよいでしょう。

さて、本講で瀧川政次郎を取り上げたのは、瀧川には、学者ばなれした「文章家」という一面があるからです。しかも、私の見るところ、瀧川は、論争的な文体と紀行文の文体という、ふたつの文体を操ることができ、そのいずれに拠った場合でも、その文章は、鑑賞に堪える「名文」になっています。

まず、「論争的な文体」を用いている文章を見てみましょう。左は、後南朝史編纂会編『後南朝史論集』(新樹社、一九五六)の冒頭論文「後南朝を論ず」の一節です。ルビと〔注〕は引用者によるものです。

……国民は明治維新を光栄ある革命だと教えられてきたが、明治維新は醜悪なる権力の争奪で、あんなことが再び起ってくれては困る。維新の志士は盛んに尊王攘夷ということを唱えたが、尊王も攘夷も討幕の口実で、本当には尊王も攘夷も行われなかった。維新の際に日本が国を保ち得たのは、日本が四方から日本に侵略してくる英仏露米の勢力の衝突点になったからで、ロシアに占領された対馬を取り返してくれたのはイギリスの軍艦である。それが国民によくわかっておれば、日本は支那事変に深入りして国力を消耗してしまうような愚かな真似はしなかったと思う。また維新の際に本当に尊王が行われていたら、勅命に背いて朝鮮の師団を満洲に入れるような陸軍大将〔林銑十郎〕も出て来なかったはずである。日本が国をあやまったのは、国民に本当の歴史を知らせなかった結果であり、本当の歴史を国民に知らせることを阻んだのは教育勅語である。伊藤博文の反対を押切り、明治天皇に迫って教育勅語を発布せしめた侍講元田永孚の罪は大きい。私は真実に生きるということが、人間の最も大きな倫理であると考えている。善意でついた嘘でも、嘘はいけない。嘘も方便というが、方便程度の嘘ならよいが、国の方針なり、国民の心の持ち方をきめる大事の歴史に嘘があってはならない。ヒドラ〔九頭の蛇〕のように醜い姿であろうとも、真実をジッと見詰めて、善処の途を考え出すだけの勇気をもたなければ、日本の再建はできない。気やすめや希望的観測ばかりで進んでゆけば、屹度《きっと》大穴に落込む。きれいごとの日本歴史では、日本はよくならない。……

これを読んで、まず気づくのは、ほとんど接続詞が使われていないということです。それでいて読みやすいのは、論理の流れに無理なところ、不自然なところがないからでしょう。

ここで瀧川が使っている文体は、みずからの主張を一挙に展開する場合、果敢に通説を批判する場合に適しています。『広辞苑』のいう「議論体」に分類することもできますが、論争を意識している文体ということで、ここでは、「論争調」と呼んでおくことにしましょう。

瀧川政次郎の文体には、もうひとつ、これとは対照的なものがあります。これを、「三ノ公紀行」から引いてみます。やはり、『後南朝史論集』に収録されている文章です。ルビと〔注〕は引用者によるものです。

八幡社の参詣をすませて西浦〔房太郎〕氏の家に戻ってくると昼飯の用意が整っていた。西浦夫妻は、三ノ公川でとれたアメウオを串に刺して炉辺《ろばた》で焼き、鰻をさいて蒲焼を作って下さった。住川〔逸郎〕氏の話によれば、三ノ公川でとれる鰻は特にうまいとのこと。私は西浦氏の厳父の時代にとれたというカモシカの敷皮《しきがわ》の上にあぐらをかいて、この思い設けぬ御馳走に舌鼓を打った。昨日とれた鹿の肉もありますが、召し上りませんかと云われたので、鹿の肉の煮たのを一皿いただいた。豚ほどおいしくはないが、私には猪《いのしし》の肉よりうまかった。西浦氏の話によると、昨日犬が血をあびて帰ってきたので、屹度《きっと》鹿を逐って噛み殺したものと思い、猟犬についてゆくと、案のじょう鹿が死んでいたので、下げて帰ったという。鹿の生肉《なまにく》を仔犬に食わせるところを見たが、可愛い仔犬も真赤な鹿肉に喰いつくときは、物凄い形相《ぎょうそう》を呈する。西浦氏が退治したという大熊の頭蓋骨《ずがいこつ》を見せてもらった。或る日、西浦氏が猟銃をかついで山にゆくと、犬が頻《しき》りに吼えるので、猪でも追い出したかと思って立ちどまってあたりを見廻すと、忽然《こつぜん》として足下に大熊が現われた。銃をかまえる暇もない。熊はうしろ足で立ち上り、ウオーと唸って襲いかかって来た。西浦氏は銃身を執って月ノ輪を突いた。熊は仰向けに転んだ。起き直ってくる間に、西浦氏は銃をかまえて引金をひいた。銃丸は熊の肩先を射抜いたが、熊は手を妙にふるわしただけで、ま

た飛びかかってきた。西浦氏は身をひいて二発目を発射し、三発目を発射し、とうとう四発目に仕止めたのが、この熊であるという。……

昼飯に出された鰻や鹿肉の話題から、仔犬が鹿肉の生肉に喰いつく描写となり、一転して、西浦氏が大熊に襲われた話になります。この間、改行もなければ、接続詞もありません。それでいて、息もつかせずに読ませるのは、やはり、かなり高度なテクニックと言えるでしょう。

これは、「三ノ公紀行」の一部であり、右に引用した箇所は、昼食中での見聞したこととして紹介されています。これは、あくまでも「紀行文」なのです。そして、ここで使われている文体も、私たちがふだん紀行文などで、よく目にする文体なのです。これを仮に、「紀行文調」と呼んでおきます。『広辞苑』のいう「叙事体」に分類することもできるでしょう。

瀧川政次郎は、「論争調」（議論体）の文章を得意とし、また「紀行文調」（叙事体）の文章を操るのも得意でした。必要に応じて、少なくとも、ふたつの文体を使いわけることができた人だったのです。

以上、とりあえずここでは、福沢諭吉、石黒忠悳、瀧川政次郎の文章を紹介し、その文体について検討してみました。このほかにも、研究に値するような文章は、たくさんあります。皆さんも、「これは」と思う文章を、ご自身で探し出し、ご自身の文体を確立する際の参考にしてみてください。

第21講

歴史とイデオロギーは近い関係にある

第9講で、「隠されたメッセージ」の問題を扱い、第10講では、「伏せられた字句」の問題を扱いました。歴史という学問においては、しばしば、こういう問題が生じます。それは、歴史という学問が、政治的なイデオロギーと、きわめて近い関係にあるからです。

歴史家が記述した歴史書が、そのときどきの国家体制、あるいは、その国家体制を支えるイデオロギーに抵触し、そのために、その歴史書の発行を禁止される、あるいは記述の一部を削られるといったことがあります。その歴史家に対し、政治的な弾圧が加えられることすらあります。一方で、歴史家のほうも、過去の歴史を綴るという形で、現時点の国家体制や、そのイデオロギーを批判することがあります。

歴史という学問が、イデオロギーと近い関係にあるということは、皆さんが歴史を学ばれる場合でも、皆さんが歴史を研究される場合でも、また、研究の成果を発表される場合でも、心得ておくべきことでしょう。

本講では、以下、いくつかの例によって、歴史とイデオロギーとが関わり合う場面、絡み合う場面を見ておきたいと思います。

瀧川政次郎と日本歴史「解禁」

瀧川政次郎という法制史家については、すでに本書で、何度か触れています。その瀧川政次郎に、『日本歴史解禁』（創元社、一九五〇）という著書があります。その中で、瀧川は、次のようなことを言っています（二九〜三〇ページ）。ルビは引用者によるものです。

……それはさて措き、明治憲法に「万世一系ノ天皇」とあることは、皇統に関する歴史家の議論を禁遏《きんあつ》すると共に、三種の神器《じんぎ》に関する研究をすべて抑圧したのであつて、この二事は国史家のタブー中のタブーであつたといつてよいのである。【中略】

教育勅語と明治憲法が日本歴史の自由なる研究を妨げ、曲学阿世の御用歴史家によつて日本歴史を歪曲せしめる上に演じた役割りは大きい。教育勅語と明治憲法とのお蔭で筆禍を買つた歴史家も尠《すく》くない。古くは那珂通世《なかみちよ》博士が、『上代紀年考』を雑誌『文《ぶん》』に掲載して、神武天皇紀元が六百年ばかり鯖《さば》をよんでゐると論じた為めに、元老院書記官から東京高等師範学校教授に貶《おと》され、又久米邦武《くめくにたけ》博士が『神道は祭天の古俗』を田口鼎軒《ていけん》の経営する雑誌『史海』に掲載して、東京大学を逐《お》はれた。又近くは斯《か》くいふ瀧川政次郎が『日本奴隷経済史』を著して、奈良・平安の奴隷制度を論じたので、満洲に逐はれ、津田左右吉《そうきち》博士が『古事記日本書紀の新研究』を出されたので、検事局に召喚せられた。その他これに類するやうな事件を数へ上げたら、殆ど枚挙に遑《いとま》がないであらう。……

瀧川は、このように具体的な例を挙げて、戦前の日本では、歴史の研究に「タブー」があった事実を指摘したのです。一方で、瀧川は、この本で、敗戦後の日本では、そうしたタブーがなくなって、「国史の解禁」があったとも述べています。『日本歴史解禁』というタイトルの由来です。

瀧川の指摘した通り、戦後においては、皇統に関するタブーや三種の神器に関するタブーはなくなりました。しかし、歴史という学問が、イデオロギーと近い関係にあるという事態が解消されたわけではありません。そのことは、高等学校の日本史教科書の検定をめぐって、歴史家の家永三郎（一九一三〜二〇〇二）と国とが争った「家永教科書裁判」という裁判（一九六二〜一九九七）の存在によって明らかです。

なお、瀧川政次郎は、先ほど引用した箇所の少しあとで、次のようなことも述べています（三二ページ）。

> 学者の尚《とうと》ぶべきは、学者的良心であり、学者的勇気である。一筋の矢に百歳《ももとせ》の命をかけるのが武士の意地であるなれば、一行の論断に命を賭けるのは学者の意地ではなからうか。命をかけてこそ、学者の論断に権威があるのだ。

これを読んで私は、瀧川が、私たち歴史研究者に対して、国家のイデオロギー、そのときどきのイデオロギーに左右されることなく、「一行の論断」にも命を賭けよと言っていると受けとめました。少し読み込みすぎているかもしれません。しかし、瀧川のこの言葉が、プロ・アマを問わず、すべての歴史研究者に向けた、強いメッセージであることは間違いありません。拳拳服膺《けんけんふくよう》したいものです。

鈴木治『白村江』のイデオロギー

鈴木治《おさむ》という美術史家がいました（一九〇五〜一九七七）。ウィキペディアには、「鈴木治」の項がありません。あまり注目されてこなかった研究者と言えるでしょう。

鈴木治の代表作は、『白村江』（學生社、一九七二）です。タイトルの読みは、「ハクソンコウ」、「ハクスキノエ」のどちらかと思いますが、いま判断を保留します。

この本は、天智《てんじ》二年（六六三）の「白村江の戦」について、そして、その敗戦のあとの日唐関係について論じた本です。この本が、今日、学問の世界で、どのように評価されているかについては詳しくありません。しかし、「読ませる」本です。たいへん興味深く、刺激的な本です。

この本は、問題作です。筆者自身が、これを「物騒な書物」と呼んでいます（「まえがき」五ページ）。それは、ここで展開されている筆者の見解が、「定説」に挑戦するものだからです。それと同時に、この本には、筆者のイデオロギーが、かなり露骨な形で示されているからです。

この本のコンセプトは非常に明快です。「まえがき」の一部を引いてみましょう〔三〜四ページ〕。ルビ、〔注〕は引用者によるものです。

当時唐は朝鮮海峡を越えてわが国に上陸作戦を敢行するほどの力はなかったが、いやしくも白村江の会戦に勝った以上、むざむざ勝者の権利を放棄するはずはなかった。戦後数次の彼我《ひが》交渉の後に、天智天皇崩御の前年〔六七〇〕にいたり、朝散大夫《ちょうさんたいふ》郭務悰《かくむそう》に率いられ、四十七隻の船に分乗して大挙筑紫《つくし》に渡来した二千人の大部隊は、軍隊ではないとしても、国内攪乱《こうらん》のための大規模な政治工作隊だったことはたしかである。そしてその後引きつづいてわが国内に生じた数々の奇怪な事件は、唐のわが国にたいする内政干渉によって起ったものだったことはいうまでもない。壬申の乱〔六七二〕をはじめとし

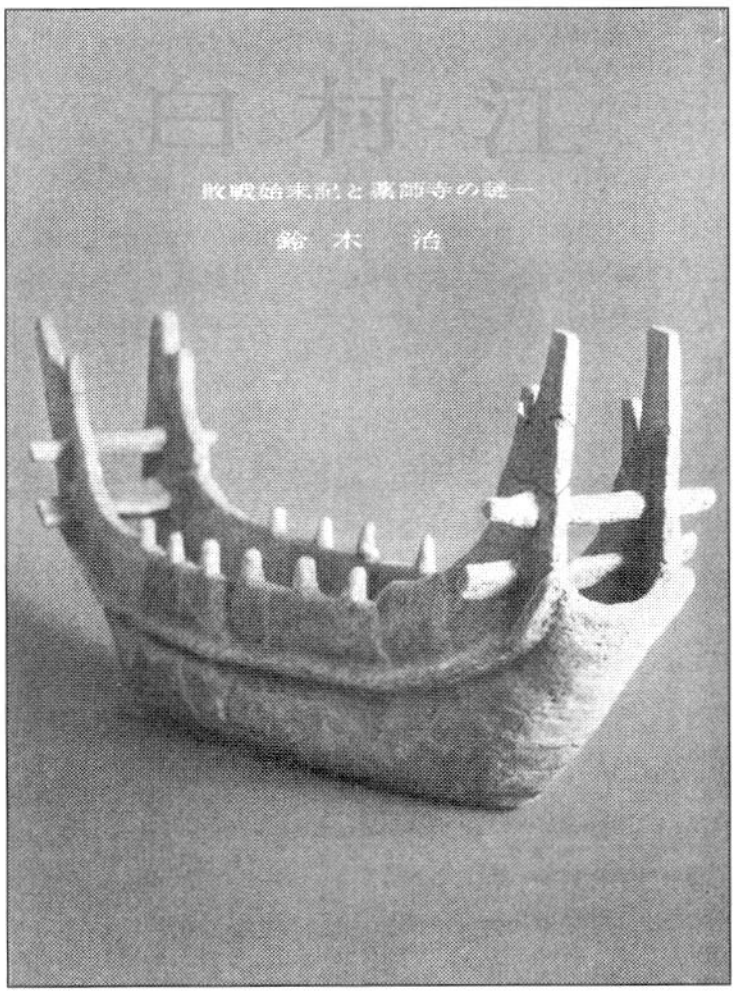

て、東大寺大佛建立〔七四九〕その他の大事件は、すべてその中に含まれる。
しかしその多くは歴史の表面にあらわれていない。きわめて重大な政治事件というものは、現代の新聞におけると同様に、昔の歴史においても書かれていない。したがって歴史に書いてないからといって、けっして安心してはいられないのである。

要するに、白村江の戦で敗北した日本は、その後、事実上、唐に支配される国家となった、日本の政治は、郭務悰が率いる二千人の政治工作隊によってコントロールされることになった――鈴木は、この本で、こういう大胆な仮説を提示したのです。

鈴木治は、引用した箇所の最後のほうで、「きわめて重大な政治事件というものは、現代の新聞におけると同様に、昔の歴史においても書かれていない」と述べています。鈴木は、ここでなぜか「現代」を引き合いに出しています。ここには、すでに、鈴木の「イデオロギー」を、垣間見ることができるのです。

同書第14章（最終章）の末尾、「エピローグ」の節で、鈴木は、次のように述べています。

思えば天智二年（六六三）白村江敗戦以来、寛平六年（八九四）の遣唐使廃止まで、じつに二百三十一年にして、はじめてここにわが国は唐の覊絆《きはん》から脱することができた。一国敗戦の余殃《よおう》がいかに大きく、深く、長いものであるかが知られる。それは今日の時点において、いっそう痛感される。

この本は、「古代史」に関して大胆な仮説を提示する同時に、「現代史」についても、大胆な捉え方を示しています。一九四五年の敗戦以降、日本は事実上、アメリカの支配下にある。日本が、この支配から完全に脱するまでには、数百年を要するかもしれない。——こういう捉え方です。[*72]

本書第9講では、「隠されたメッセージ」について見ましたが、鈴木治が、『白村江』で提示している現代史についての捉え方は、「隠されたメッセージ」ではありません。この本の随所で、かなりハッキリと打ち出されているメッセージです。[*73]

この本は、現代史を古代史に投影した本であるとも、また、古代史を現代史に投影した

72＊　近年、白井聡《さとし》氏の『永続敗戦論——戦後日本の核心』（太田出版、二〇一三年三月）という本が話題になった。戦後の日本は、際限なくアメリカに従属することによって、「敗戦」を否認しようとしたというのが、この本の主旨である（白井聡『国体論——菊と星条旗』集英社新書、二〇一八年四月、三四二ページ）。鈴木治の『白村江』は、すでに一九七二年の段階で、遠まわしな言い方ではあったが、独自の「永続敗戦論」を提示していたことになる。

73＊　ただし鈴木治は、この本の「あとがき」で、本書は「なんら現代の政治を顧慮に入れたものではない」とも言っている。こういうのを「韜晦《とうかい》」というのだろう。

本であるとも言えます。いずれにしても、そこには、筆者のイデオロギーが、強く絡んでいます。

こうした本の存在は、歴史がイデオロギーと近い関係にあるということを、よく示すものと言えるでしょう。「古代史」でも、イデオロギーが絡むくらいですから、「明治維新」、「昭和維新」、「アジア太平洋戦争」、「戦後史」といった分野ともなれば、それ以上に、イデオロギーが絡んでくる可能性が高いわけです。

よみがえる「朝鮮出兵」肯定論

本書執筆中に、平川新《あらた》さんの『戦国時代と大航海時代』（中公新書、二〇一八年四月）を読みました。支倉常長《はせくらつねなが》を中心とする慶長遣欧使節の真相など、同書から学べることは少なくありません。

ところで、この本の最重要なポイントは、どこにあるのでしょうか。それは、著者の平川さんが、「あとがき」で述べられている次のところだと思います（二七五〜二七六ページ）。

豊臣秀吉はなぜ朝鮮に出兵したのかという謎解きは、ポルトガルとスペインによる世界分割支配体制に対抗するためだったと云う、思いがけない結論を導き出した。……朝鮮出兵は日本にとって侵略という負の遺産だが、そこで発揮された日本の国力が、その後の流れにもつながった。のちに徳川政権が強力に展開した貿易管理と出入国管理も、その延長線上にある。……

本書では、秀吉による「唐・南蛮・天竺」征服構想を、ポルトガルをも併合して世界最強国家となったスペインに対する、東洋からの反抗だと評価している。そのあらわれが朝鮮出兵となった。だが隣国を蹂躙した歴史は、本書で解明した世界史レベルでの因果関係とは別に、真摯に受けとめる必要がある。

つまり、平川さんは、この本で、豊臣秀吉の朝鮮出兵を「世界史レベル」の視点から再解釈し、スペインをして東洋への侵略を断念させたところに、その意義があったとされたのです。いま私は、この「再解釈」の当否について、判断できる立場にありません。しかし、こうした再解釈が、何らかのイデオロギーと絡んでいる（今後、絡んでくる）可能性だけは、指摘しておくべきでしょう。

豊臣秀吉の朝鮮出兵（朝鮮の役）は、実は、先の大戦中にも「再解釈」されたことがありました。

以前、読んだ高木元豁《もとひろ》[*74]の『尾三《びさん》史話』（中部書籍、一九四二）には、「興亜の大業と織・豊・

74＊　高木元豁の経歴等は不詳。国立国会図書館のデータによれば、一九〇四年生まれ、一九八〇年没。

徳三公」という一篇があります。これは、戦中におこなわれた「朝鮮の役」についての再解釈です。

まず、高木元豁は、「朝鮮征伐」という言葉はふさわしくないと言っています。なぜなら、豊臣秀吉の狙いは、「朝鮮」を討つことではなく、「明」を討つことにあったからです。秀吉自身も、この戦役を「大明国討入り」と呼んでいたと指摘しています。また、従来、朝鮮の役が否定的に評価されてきたのは、豊臣氏を亡ぼした徳川氏が、ことさら秀吉の功績を抹殺してきたからだと述べています。*75

さて、この一篇で、高木は、朝鮮出兵の意義について述べています。ここは、原文を引用させていただきましょう（二九七〜二九九ページ）。ルビは引用者によるものです。

それから特に大事なことは、加藤清正《きよまさ》でありまず。清正は遠く朝鮮の北の方に廻つてオランカイ（いまの間島《かんとう》地方）までゆきました。オランカイはヌルハチの女婿に当る者がゐた所でありまして、加藤清正はそれと一戦を交へてこれを粉砕し、日本軍の威力を顕はした。さういふことがあつた結果、ヌルハチは日本の実力といふものを十分に認識するやうになつた。【中略】

この戦争がすんでから間もなくですが、ヌルハチの方から朝鮮に対して金を出せといつてきた。すると朝鮮の方からヌルハチの方へ断り状を出してゐる。その中に

「一紙徴招すれば、倭兵百万たちどころに来る」と、いつてゐる。つまり満洲の方から金を出せといつてきても、真平御免《まっぴらごめん》だ。もし強ひて取るといふなら、一枚の紙を日本に送つたならば、日本の兵隊が百万人、直ちに来るぞ。といふのであります。日本から兵隊が来るといふことは、ヌルハチにとつて相当脅威だつたらしい。このことはそのままになつた。朝鮮国王から満洲に日本の刀や鎧《よろい》などを贈物にしたのが、今日奉天《ほうてん》に遺《のこ》つてゐる。かふいふところを見ると、全くヌルハチは朝鮮の役を通して日本の強さを知つたと思はれます。このヌルハチといふのは、すなはち清の太祖でありまして、その子孫が明を亡ぼしさらに近世史上、未曽有《みぞう》の強大なる帝国を作り、その当時豪勇を以て謳はれて、いまの蒙古地方をことごとく征伐し、西蔵《チベット》をとり、遠くヒマラヤ山脈を越えてネパールまで征伐した大帝国を作つたのであります。それにもかかはらず、清国は日本に対して一指だに染めなかつた。これはことに注意すべきことであるのであります。

つまり、高木は、豊臣秀吉の朝鮮出兵を、「世界史レベル」の視点から再解釈し、清朝

75＊ 徳川幕府の儒官・林羅山《はやしらざん》は、朝鮮の役について、「秀吉、この役、何の益ぞ、徒《いたずら》に兵を玩《もてあそ》び、武を瀆《けが》す、嗚呼《ああ》惜しいかな」と述べたという。ただし、『尾三史話』二九二ページによる。

をして日本への侵略を断念させたところに、その意義があるとしたのです。平川新さんの朝鮮出兵の再解釈と、パラレルなものがあることは明らかです。

いま私は、この高木元豁による再解釈についても、その当否を判断できる立場にありません。しかし、この再解釈が、アジア太平洋戦争の中で登場したものであり、間違いなく、当時のイデオロギーと絡んでいることは指摘しておかなくてはなりません。

こうして、朝鮮出兵に関する「ふたつの再解釈」が、歴史がイデオロギーと近い関係にあることを示す例になりました。歴史に関心を持たれている皆さんは、こうした事情をシッカリと押えられた上で、研究のまとめ方、発表の方法などを検討されるとよろしいでしょう。

第22講

ブログを研究日誌として活用する

皆さんの中に、「ブログ」を開設されている方はおられるでしょうか。「ブログ」を開設されている方は、ぜひ、これをご研究に活用してください。まだ、開設しておられない方は、ぜひ、開設をご検討ください。

以下、「ブログ」の開設をお勧めする理由、その活用法などについて申し上げます。

ブログを更新しながら文章修行

ブログを開設し、毎日、記事を更新することは、文章の練習になります。不特定多数の読者に読まれるわけですから、ヒトサマに見せられないような文章を書くわけにはいきません。人に読まれるという緊張感が、文章力を向上させるわけです。

ブログは、毎日、更新しなければなりません。書くことがないといって、あるいは書くのが億劫《おっくう》だといって、更新を怠ってはなりません。毎日、何か書くことを見つけ、毎日、書き続けることが重要なのです。文章練習というより、文章修行だと思って、毎日、ブログを更新しましょう。

最初のうちは、たいへんかもしれませんが、慣れてきますと、それほど苦にはなりません。書く材料を見つけるのも、それほど、難しくありません。常にブログの更新を意識していますと、書く材料など、意外に簡単に見つかるものです。

ブログというのは、誰でも開設できますし、また、原則としてお金はかかりません。投稿した文章は、即時に確認できますし、いつでも訂正や削除が可能です。こうしたことも、お勧めする理由に入ります。

なお、ブログにお書きになった文章の著作権に関しては、念のためにブログサービスを運営しているサイトの規約などをご確認ください。ブログ会員のコンテンツ（お書きになった文章）について、「全部または一部を複製する権利」や「公衆送信する権利、編集する権利、改変する権利」、「翻案・翻訳する権利」などがブログサービスの運営会社側にあると定められている場合があります。

独学者にとっての「研究日誌」

独学者がブログを開設しますと、これを自分の「研究日誌」として使うことができます。その日に感じたこと、考えたことを文章にしておく、その日に仕入れた情報を書きとめる、その日に観賞した映画の感想を書く、その日に読み終えた本について感想を書く、その日に聞いた講演の内容をまとめておく、などのことが可能です。一度、書きとめておけば、いつでも、すぐ読み直すことができます。

最初のうちは、メモ程度のものになってしまうかもしれません。たとえば、「今日は、国会図書館に行って、○○という本をコピーしてきた」、「今日は、新聞に△△という記事が載っていたので、スクラップしておいた」などなど。しかし、こういったメモでも、あとになって役に立つことがあります。

一点、注意が必要なのは、ブログサービスを運営する会社が、そのサービスを停止することがありえるということです。ブログ上の記事のデータは、ご自分のパソコン上、あるいはＵＳＢメモリなどにバックアップしておかれると安心です。

ブログの更新に慣れてきましたら、だんだん、長めの記事を書くようにしていきましょう。また、自分の研究テーマが決まっておられる方は、極力、その研究テーマに関わる記事を用意したいものです。「研究」的な記事を、毎日、書き続けることは、なかなかたいへんだと思いますが、これも「修行」だと思って努力しましょう。

データファイルとしても使える

自分のブログは、一種の「データファイル」として活用することができます。過去に自分が書いた記事は、グーグルなどの検索機能を使って、容易に取り出すことができます。

実は今回、この本『独学で歴史家になる方法』を執筆するに当たっても、自分のブログを参照したり、そこにある自分の文章を使ったりしています。自分の文章ですから、もちろん、著作権の侵害にはなりません。

独学者のブログ活用法として、最も有効なのは、「これは」と思った資料や文献に出会ったら、その内容や元データのURLなどをブログ上に紹介しておくということでしょう。そうしておきますと、そうした資料や文献は、必要なときに、すぐ取り出せます。

さて、本講で述べたような形で、ブログを活用する場合に、いくつか注意しなければならないことがありますので、以下に列挙しておきます。

1　書籍・論文の記述、ホームページ・ブログの記述を紹介するときは、著作権に配慮すること。

2　書籍・論文の記述を引用する際は、出典を明示し、正確な入力を心がけること。

3　書籍・論文の記述を入力する際、原文が用いている漢字やかな遣いなどを変更する場合には、その旨を明記しておくこと。

4　ホームページ・ブログが引用している「資料」は、入力が正確でない場合などがあるので、それらを安易に再引用することはしない。

5　書籍・論文・資料などについての情報は、一度、ブログで紹介した以上、ブログ閲覧者が共有する情報となる。自分がそれを「活用する」前に、ほかの閲覧者に「活用される」場合もあることは、当然、覚悟しておかなくてはならない。

ブログを通し未知の人々と交流する

ブログは、未知の人と交流する媒体としても使えます。私が利用している「gooブログ」には、「コメント」という機能がついています。ブログを読んだ人が、そこにコメントを寄せることができます。この機能によって、ブロガーは、未知の人々と交流することができるわけです。人脈に乏しい独学者にとっては、この機能の持つ意味は、大きいものがあります。

私は、二〇一二年五月に、「礫川全次のコラムと名言」というブログを開設し、今に至っていますが、この間、いろいろな方と交流を持つことができました。最近の例では、二〇一八年五月一六日に、斎藤ユカリさんという方から、「日下部文夫コトバのひろば／興味がおありでしたらごらんください。」というコメントをいただきました。これは、二〇一五年一二月四日に書いた「能記も所記も同時に存在する（日下部文夫）」という私のコラムに対するコメントでした。

このコラムを書いたのは、日下部文夫という言語学者に関心を持ったからです。この方の「言語の起源について」という論文（『月刊言語』第六巻第四号、一九七七年四月）を読んで、強く惹かれるものがあったのです。ただし、このときは、ブログに関係のコラムを二本書いたのみで、[76]関心を持続させることができませんでした。日下部文夫に関する情報が、あまりに少なかったからというのが理由のひとつです（単なる「言い訳」ですが）。

ところが、このコメントによって、日下部文夫「コトバのひろば」というホームページ[77]を存在を知りましたので、日下部文夫に関する知識は、一挙に増えました。その生没年もわかりました（一九一七〜二〇一四）。ホームページで紹介されている日下部文夫の遺稿「UBIQUITOUS ユビキタス」は、まだ精読できていませんが、[78]創見に満ちた論文集という印象があります。言語学に関心をお持ちの皆さんには、ぜひ、閲覧をお勧めいたします。

ブログは出版の代用になる

ブログは、場合によっては、出版の代用になります。

あなたの研究がまとまり、いよいよこれを出版するという段階になったとします。そうは言っても、これを引き受けてくれる出版社は、なかなか見つかりません。自費出版なら、なんとか出せそうですが、老後のために蓄えてきた貯金を、そう簡単に使ってしまうわけにもいきません。

そういう場合には、その研究の成果を、ブログ上で公開されてはいかがでしょうか。現に、インターネット上には、一冊の本に相当するような「作品」がいくらでも存在します。ここでは、私が過去に「通読」したことがあるもののみを挙げます。吉田向学さんの『部落学序説』、松岡正剛さんの『千夜千冊』、巫女装束研究所の校訂による中山太郎の名著『日本巫女史』の三つです。

76＊ もう一本のコラムは、二〇一五年一二月三日にアップした〝言語発生の過程を反復再現する「共同演戯」〟である。

77＊ このホームページは、「グループ Fumiksa」（斉藤ユカリ、日下部カオリ、神保サユリ）によって運営されている。

78＊ 遺稿「UBIQUITOUS ユビキタス」のうちでは、まず「42 万葉集から音節を見る」に注目した。礫川のコラム〝日下部文夫氏の遺稿「UBIQUITOUS ユビキタス」〟（二〇一八年五月一七日）を参照されたい。

第23講

研究はこうしてまとめる

いよいよ最終講です。ここでは、研究成果を、どのようにしてまとめるかについて申し述べたいと思います。

箇条に近い形で申し述べ、チェックシートとしても使えるように工夫しました。基本的に、一冊の本にまとめあげる場合を前提としていますが、一本の論文を仕上げる場合にも準用できるかと思います。

□1　タイトルは、内容を明確に示すものになっているか

本のタイトルは、その内容を端的に示すと同時に、読み手の関心、好奇心に訴えるものでなければなりません。タイトルだけでは、内容が説明しきれないような場合は、サブタイトルや角書《つのが》きでこれを補います。「角書き」というのは、二行にして、タイトルの頭に置く一種の説明です。

サブタイトルの例（タイトル――サブタイトル）**『白村江――敗戦始末記と薬師寺の謎』**

角書の例（角書き——タイトル）　『幕末／開港——綿羊娘情史』

□2　テーマは明確に示されているか

その本のテーマ、その本で主張したかったこと、その本を書こうとした理由などは、本の冒頭で、これを示しておかれるのがよいでしょう。論文の場合も、これに準じます。本の場合は、「自序」や「まえがき」で、そういったことを書くのが一般的です。論文の場合であれば、「はじめに」のところで、書きます。

□3　それまでの学問的な成果に一歩を加えているか

書物にせよ論文にせよ、それまでの学問的な成果に、「一歩」を加えているかどうかが重要です。これは言い換えれば、著者の独自の見解を、そこで打ち出せているかどうかということです。

すでに知られている「史料」について、新しい読み方、新しい解釈を提示することは、著者独自の見解を提示したことになるでしょう。「新史料」を発掘して提示する場合、それだけでは、独自の見解を打ち出したことにはなりませんが、少なくとも、学問的な成果に一歩を加えたことにはなります。

□4　自他の見解を、明確に区別しているか

権威ある研究者の著書や論文を慎重に読み、これを要約したとしても、それは「研究」にはなりません。これが評価されるのは、せいぜい大学生のレポートまでです。有名・無名の研究者の著書や論文にある見解を、あたかも、自分の見解であるかのように述べることは、問題外です。

本や論文を書くに当たっては、どこまでが、他人の見解で、どこからが自分の見解であるかを峻別し、読み手に対し、それがハッキリとわかるような形で、提示しなければなりません。

□5　目次は、内容・流れがわかるようにできているか

目次では、「章立て」を示します。節の内容、小見出しまで示す場合もあります。読者によっては、興味のあるところから読む、興味のあるところだけを読むという方もいらっしゃいますから、目次は、ある程度、詳しいほうがよいでしょう。ただし、何ページにもわたって目次が続きますと、かえって、本の全体像が見えなくなります。

□6　読みやすく、わかりやすい文章になっているか

わかりにくい文章には、主に三つのパターンがあります。①読み手が、書き手の水準に

達していない、②書き手の頭の中が整理されていない、③書き手に、読み手に対する配慮が欠けている、この三つです。

若い読者や初学の読者の場合、わかりにくい文章に接しますと、①を意識して、みずからを責めることになりがちです。しかし、実際には、②や③のように、書き手のほうを責めなくてはならない場合が、ほとんどではないのでしょうか。

この本の読者である皆さんが、今後、文章を書かれる場合におかれては、②や③を強く意識され、間違っても、その読み手に、①のごとき誤解を与えることのないよう、ご注意いただきたいと思います。

□7　誤字・脱字などはないか

文章中に、誤字・脱字、主語・述語の呼応の不備、意味不明の表現などの問題がありますと、書き手の信用は、一気に失われます。文章を書く際はもちろん、書き終わったあとも、自分の文章をチェックし、そういった問題を是正するよう努力しましょう。しかるべき出版社から本を出される場合には、編集者、校正者などによって、二重三重のチェックが入ります。しかし、自費出版などの場合は、みずからのチェックだけが頼りです。自費出版の場合、みずからチェックするだけでなく、家族や知人にチェックをお願いするのがよいと思います。

□8　判断の根拠とした史料・文献は示されているか

判断の根拠となった「史料」の名称、史料が載っている文献名、史料が閲覧できる場所などは明示されていますか。同じく判断の根拠となった「参考文献」に関するデータは、明示されているでしょうか。

参考文献を明示する方法としては、次のようなものがあります。

・本文中に注番号を付して、章の終わりなどに、【注】として示す。
〔注1〕→【注】〔注1〕金子堅太郎「憲法制定懐旧談」『國學院雑誌』第二五巻第四号（一九一九年四月）。

・略号を付して、巻末の【参考文献】のところで、文献名を示す。
〔金子1919〕→【参考文献】金子堅太郎「憲法制定懐旧談」『國學院雑誌』第二五巻第四号（一九一九年四月）。

□9　引用は、適切に処理されているか

ほかの文献から文章を引用する場合、その文章は、地の文章と区別できるようになっていなければなりません。これは、その前後を一行空ける、頭を二・三字下げるなどの形で区別します。また、引用に際して、かな遣いなどを改める場合は、「凡例」などで、あら

かじめ、その旨をことわっておくべきでしょう。
以下に、「凡例」で、引用文の処理について触れている例を示します。

【凡例】
一　本書に引用した文章は、次のような変更をおこなった。①カタカナ文をひらがな文に直す。②句読点のない文章に句読点を施す。③旧かな遣いを新かな遣いに直す。④旧字体の漢字を新字体に直す。⑤漢字表記をひらがな表記に直す。ただし、あえて原文のままに留めた場合もある。
一　引用文中にあるルビは、引用者の責任で採否を決定した。ルビは、原則として、現代かな遣いを用いた。
一　引用に際して、省略箇所がある場合は、……によって、これを示した。

初学者の場合、ほかの文献に引用されていたものを、そのまま再引用しがちですが、できれば、一度、原典に当たって確認した上で、引用すべきでしょう。原典に当たるのが難しいなどの場合は、再引用（重引）である旨をことわってから、引用しましょう。
なお、引用の仕方については、本書第7講も、併せて、ご参照ください。

□10　注、参考文献のチェックは十分か

注は、番号が飛ぶ、番号が重複するなどのミスが起きやすいので、チェックを怠らないようにしましょう。参考文献は、肝心なものを入れ忘れていないか、タイトルなどの誤記がないかなどを、よくチェックしましょう。参考文献を並べる順番は、執筆者名のアイウエオ順が一般的ですが、以下のように読み方が難しいものがありますので、並べる際には注意が必要です。

魚返善雄　おがえり・よしお
小柳司気太　おやなぎ・しげた
江　實　ごう・みのる
南石福二郎　なんせき・ふくじろう
除村吉太郎　よけむら・きちたろう

□11　資料を添えるのを忘れていないか

あなたが発掘した「新史料」に言及した場合には、その新史料の全部または一部を「資料篇」などの形で、紹介しておくのがよいでしょう。あなた以外には、誰も、その史料を見ていないし、見ることもできないわけですから。また、「新史料」というわけではないが、

閲覧がきわめて難しい「史料」に言及した場合でも、同じく「資料篇」などの形で、その全部または一部を示しておくのが親切だと思います。

□12　謝辞などを忘れていないか

本を執筆・出版するに当たって、お世話になった方などがあって、お礼を言わなければならない場合、一般的に、「あとがき」で、これを申し述べます。その例は、手近な本で容易に見つかりますので、参照してみてください。論文の場合も、その末尾に、「後記」などの形で、謝辞を述べているものがあります。ただし、その手の謝辞がまったく見られない本、「あとがき」そのものがない本もあります。

なお、その研究を完成させるまでの苦労など、どうしても「私情」を語らずにはいられないという方もおられるでしょう。そういう場合は、これまた「あとがき」で、その私情を語られるのがよろしいでしょう。

あとがき

肝心なことを、いろいろ書き落としたような気がします。

まず、本書の構成ですが、はじめに・第0部・第1部・第2部・第3部・付録①、②となっています。「はじめに」で本書の読み方を、第0部で本書の立場を明らかにし、第1部で歴史独学者という生き方について説きました。第2部では研究の進め方について、第3部では研究のまとめ方について、申し上げました。巻末付録では、あるいは皆さんの参考になるかもしれないと思いながら、①研究テーマの例、②参考文献を挙げました。

なお、今、思いついたことを、ふたつ述べます。

法制史家の瀧川政次郎は、独学で『日唐令の研究』をまとめあげた未知の研究者・加藤泰造から「序文」を求められました。そして、その序文の最後に、「この著の出版が著者の中央学界進出の機縁とならんことを念願して茲に擱筆する。」と記しました。しかし加藤泰造は、中央学界に進出することなく斃れています。今日、加藤泰造という独学者とその研究を知る者は、ほとんどおりません。

加藤泰造は、同書の「自序」で、「私は本著述を書き上げる為めに、全生命と全精力を打ち込んだ。」と述べています。加藤の努力は虚しかったのでしょうか。そうではないと思います。彼は、全生命・全精力を打ち込み、三〇〇ページに及ぼうとする本格的な研究書を残しました。本人は、そのことを以て瞑すべきでしょう。

瀧川政次郎は、加藤泰造のことを「一種の学問狂」と評しました。この言葉を聞いて私は、松本清張『或る「小倉日記」伝』の主人公・田上耕作を思い出しました。田上は、身体的なハンディを抱えながら、森鷗外が小倉に赴任していた時代の事跡を調べ続け、ついに病に倒れます。彼もまた、「一種の学問狂」だったのではないでしょうか。もちろん、田上耕作は架空の人物です。しかし、明らかに清張は、この人物に自己を投影しています。そう、松本清張も、また、「一種の学問狂」だったのです。

末筆になりますが、本書の執筆を提案していただいた日本実業出版社の松本幹太さんに感謝のご挨拶を申し上げます。松本さんに対しては、執筆の途上、また脱稿の後においても、いろいろと勝手と無理を申し上げました。深謝申し上げます。

二〇一八年一〇月

礫川全次

53▶藤巻一保『吾輩は天皇なり』学研新書、2007⑨
いわゆる「熊沢天皇」こと、熊沢寛道の生涯を追いながら、日本の歴史の最もディープな部分に迫る。著者は宗教研究家。

54▶内田宗治『関東大震災と鉄道』新潮社、2012⑦
関東大震災で鉄道が受けた被害についての包括的な研究。被害に対処した鉄道関係者の奮闘も記録している。著者はフリーのジャーナリスト。

55▶渡部富哉『白鳥事件』同時代社、2012⑫
サブタイトルは「偽りの冤罪」。白鳥事件は「冤罪」だとする再審請求運動は、それ自体が偽りであった。真実を求めてやまない著者の迫力と筆力に圧倒される。

※付録1、2は❶ページ（巻末）からお読みください。

47 ▶ 増田太次郎『引札絵ビラ風俗史』 青蛙房、1981⑨

江戸・明治期における「引札《ひきふだ》」と「絵ビラ」について研究した労作。今日でいう「チラシ」を、かつては「引札」と呼んだ。図版多数。2011年に新装版が出ている。

48 ▶ 鈴木修次『日本漢語と中国』 中公新書、1981⑨

近代の日本人は「漢字」を通して西洋の文明を受容した。その過程を追った労作。鈴木修次は、もっと評価されてよい学者だと思う。

49 ▶ 光岡雅彦『韓国古地名の謎』 學生社、1982④

なぜ韓国古地名に日本語に近いものがあるのか。日本の陸軍参謀本部が韓国で作成した「軍用秘図」から、韓国古地名を発掘する。

50 ▶ 松尾正人『廃藩置県』 中公新書、1986⑥

廃藩置県の政治過程を考察した名著。木戸孝允の動きを中心に書いた本書で、歴史もまたドラマであることを知る。

51 ▶ 三鷹市教育委員会編『多摩の民権と吉野泰三』 三鷹市教育委員会、1999③

多摩の自由民権運動を批判した吉野泰三は、いわゆる「吏党」として活動せざるをえなかった。従来の研究の空白部分を埋める貴重な論集。

52 ▶ 原 武史『滝山コミューン一九七四』 講談社、2007⑤

歴史学者である著者の自伝的回想記。1974年（昭和四九）、東京近郊の小学校で展開されていた「教育」が、リアルに再現される。講談社文庫版（2010）がある。

活』などの著書がある。

41 ▶ **鈴木 治『白村江』**學生社、1972⑫

著者みずから「物騒な書物」と称する問題作。この本が、その後の古代史研究に与えた影響は少なくあるまい。著者は美術史家。新装版（1999）がある。

42 ▶ **津久井龍雄『証言 昭和維新』**新人物往来社、1973⑨

昭和戦前期に関する基本的文献。よく読むと、かなり過激な表現がある。著者は、戦前は右翼活動家、戦後は右派の論客。

43 ▶ **金関丈夫『木馬と石牛』**角川選書、1976①

民族学に関する論考を集めたもの。どれを読んでも、その意外さ、面白さは特筆に値する。大雅書房版（1955）を大幅に増訂したもの。大林太良編「新編」版（岩波文庫、1996）がある。

44 ▶ **横田順彌『ＳＦ事典』**廣済堂出版、1977⑤

簡潔にまとまったＳＦ事典。安政四年（1857）に書かれた巖垣《いわがき》月洲《げっしゅう》『西征快心篇』を日本最初のＳＦとして位置づけている。著者はＳＦ作家。

45 ▶ **大桑 斉『寺檀の思想』**教育社歴史新書、1979③

寺檀関係、寺請制度の研究書であるが、加賀の任誓《にんせい》と呼ばれる異端の宗教者に触れている点に注目したい。付録に任誓著『農民鑑』を収める。

46 ▶ **篠原 宏『大日本帝国郵便始末』**日本郵趣出版、1980③

郵便を通して見た日本の戦中戦後史。英文タイトルは、Japanese Postal History,1941-47。類書なし。著者は郵便史学会理事長。

出版部、1954〜1955）のダイジェスト版。

35▶**大熊規矩男『日本のタバコ』**社会思想社、1963⑪

類書は多いが、コンパクトで、よくまとまっている。図版満載。時代背景の説明も明快である。著者は、元専売公社中央研究所長。現代教養文庫の一冊。

36▶**松本清張『半生の記』**河出書房新社、1966⑩

松本清張の自伝。淡々と語っているが、その戦中戦後の苦労は、想像以上のものがある。個人的には、「箒《ほうき》」の副業の話が興味深かった。新潮文庫版（1970）がある。

37▶**影山正治『明治の尊攘派』**大東塾出版部、1967②

「明治の尊攘派」（初出、1943年1月）ほか一編を収める。「明治の尊攘派」は、福沢諭吉を暗殺しようとしたことで知られる増田宋太郎を描く。

38▶**大正大学天台学研究室編『法華三大部難字記』**隆文館、1967⑫

法華三大部（法華玄義・法華文句・摩訶止観）にある難字（異体字）を集めた奇書。本文388ページ、1ページ当り最大36の難字を挙げる。

39▶**本山桂川『碑に見る日本書道』**明治書院、1968⑨

民俗学者の本山桂川は、石碑の研究家としても知られる。書道という視点から、全国各地の石碑を紹介・解説した労作。

40▶**高柳金芳『江戸時代非人の生活』**雄山閣、1971①

類書が少ないのは、史料が乏しいからであろう。もちろん、研究者も限られる。著者は在野の歴史家、『江戸時代御家人の生明治以降の「国語国字問題」の歴史について解説。戦中期の記述が興味深い。国語国字問題にイデオロギーがからむ実情がわかる。復刻版は三元社（1998）。

29▶**天野武一ほか『経済犯罪捜査要項』**東洋書館、1949②

経済統制は戦後も継続した。経済犯罪とは、その経済統制に違反する行為をいう。多様な犯罪事例から、当時の世相を窺える。

30▶**岡田章雄『ぼくらの歴史研究』**東京堂、1949④

小学生の読者を対象に書かれた歴史研究の入門書。今日の歴史愛好家が読んでも、十分に有益。著者は当時、東京大学史料編纂所勤務。

31▶**明礼輝三郎編『スト騒擾事件の顚末』**労務行政研究所、1949⑫

国電スト事件、平市《たいらし》騒擾事件等、1949年に起きた四事件に関する、衆議院考査特別委員会の調査をまとめたもの。編者は同委員会事務局長。

32▶**橋浦泰雄『民俗採訪』**六人社、1950年④

著者は柳田國男門下の民俗学者。全国の村々を民俗を採訪しながら歩いたときの記録。「採訪要領十則」を付す。

33▶**吉田長蔵『新天皇論』**千代田書房、1952⑦

著者は、「熊沢天皇の侍従長」として知られた人物。法学博士の蜷川新《にながわあらた》が、8ページに及ぶ「序文」を寄せている。

34▶**森脇将光『三年の歴史』**森脇文庫、1955⑪

著者は実業家。「森脇メモ」によって政財界を揺るがし、吉田茂内閣を倒す。大著『風と共に去り風と共に来りぬ』（安全投資

22▶ **羽仁五郎『明治維新』** 岩波新書、1946⑥
サブタイトルは「現代日本の起原」。敗戦後に最初に出た岩波新書だが（赤版99）、いわゆる新書版ではなくＢ６判。文字通りの「新書版」は1956年刊。すでに古典となっている。

23▶ **河上 肇『思ひ出』** 日本民主主義文化連盟、1946⑩
著者はマルクス主義経済学者。書きためていた随筆を編集。「獄中の食べ物」、「教師としての自画像」など。いずれも名文。

24▶ **山本紘照『北門開拓とアメリカ文化』** 文化書院、1946⑪
明治初期に北門（北海道）の開拓にあたったホラシ・ケプロンおよびウィリアム・クラークの功績を紹介。著者は共同通信記者。

25▶ **山路閑古『戦災記』** あけぼの社、1946⑫
戦災で家を焼かれた体験を綴る。昭和の『方丈記』とも言うべき名文。著者は、古川柳研究家として知られる化学者。

26▶ **家永三郎『やまと繪論』** 宝雲舎、1947①
「大和絵」は、平安時代に発達した国風画。専門的な分野だが、わかりやすく、かつレベルを落とさずに、キッチリとまとめている。

27▶ **白柳秀湖『維新革命前夜物語』** 千倉書房、1947⑨
独自の史観で「維新革命」を語る。戦前版（1934）の増補版だが、戦後版のほうが興味深い。著者は歴史家。堺利彦、中里介山らと交流があった。心交会から「やまと文庫」版、上・下巻（1984～1985）。

28▶ **平井昌夫『国語国字問題の歴史』** 昭森社、1948⑨

述がある。

16▶中村清兄『日本の扇』大八洲出版、1942⑧

折りたたみ式の扇は日本人の発明だという。扇の歴史に関する包括的研究で、今日なお、この水準を超える研究書は出ていない。

17▶石原莞爾『国防政治論』聖紀書房、1942⑩

「国防政治論」など四編を収める。「日本の国防」を除く三編は講演記録。石原莞爾が優れた講演者であったことがよくわかる。

18▶高木元豁『尾三史話』中部書籍、1942⑪

「尾三」とは、尾張と三河を指す。全体に珍しい史話が多い。ヌルハチが「朝鮮の役」から受けた影響についての紹介などもある。歴史図書社版（1979）がある。

19▶田中館秀三『南方文化施設の接収』時代社、1944④

第二次大戦の占領地、シンガポール・ジャワ・スマトラ・マライで、大学・博物館・植物園等、文化施設を接収した記録。著者はその担当者。

20▶野村無名庵『本朝話人伝』協栄出版社、1944④

江戸から明治にかけて活躍した話人（講釈師・落語家）を紹介。著者は、かつて落語家に弟子入りした経験を持つ。中公文庫版（2005）がある。

21▶渡辺修次郎『近世叢談』北海出版社、1944⑤

幕末から明治にかけての珍しい史話を集める。著者は、安政二年（1855）生まれの著述家。この本の刊行時、数えで90歳。没年不詳。

明治末の南北朝正閏論争の火付け役となった峰間（峯間）信吉の伝記。本人が口述した自叙伝など。「鹿水」は峰間信吉の号。

10 ▶ **渡邊幾治郎『明治史研究』** 楽浪書院、1934⑨

今日となっては読みにくい文体だが、注意して読むと、随所に興味深い指摘がある。特に、「人物篇」が面白い。著者は宮内省臨時編修局の編修官。

11 ▶ **西村文則『水戸学再認識』** 象文閣、1936⑦

水戸学の入門書であるが、安寧秩序を害する記述があり発禁となった。読む場合には、その部分が削除されていない初版を読むべきである。

12 ▶ **夏目義明・松永信夫『経済警察辞典』** 松華堂書店、1939③

経済統制に関する諸法令を解説した本。辞典の形でわかりやすく解説している。巻末には詳細な「疑義解釈」（Q＆A）が付いている。

13 ▶ **鈴木嘉一『隣組と常会』** 誠文堂新光社、1940⑫

著者は企画院調査官。類書は多いが、本書の記述はかなり詳細。隣組の「常会」は大日本報徳会の「常会」に由来すると説明している。

14 ▶ **日本赤十字社編『衛生日本の回顧』** 大日本出版、1941⑥

「紀元二千六百年奉祝衛生日本回顧展」の記録。中山太郎による講演の要旨などもあるが、大半は回顧展の展示資料の解説。

15 ▶ **小寺融吉『郷土舞踊と盆踊』** 桃蹊書房、1941⑦

盆踊りの研究は多いが、単行本になったものは、意外に少ない。日中戦争以降、盆踊りが自粛されていた事実を示唆している記

⑨

著者は、東京帝国大学理科大学人類学教室に図工として採用され、坪井正五郎の研究に協力した。この本の図版も本人によるもの。

4 ▶ 宮武外骨『明治演説史』 有限社、1926年④

「明治表裏叢書」の第一冊。明治日本における「演説」の沿革を述べて類書なし。著者は反骨で知られるジャーナリスト。『宮武外骨著作集』第2巻（河出書房新社、1987）に所収。

5 ▶ 小野武夫編『日本農民史語彙』 改造社、1926⑩

日本農村の社会経済史に関する用語を通俗的に説明した辞典である。各項の説明のあとには、必ず典拠が示される。著者は農業経済学者。

6 ▶ 中澤見明『古事記論』 雄山閣、1929⑪

「古事記」偽書説の嚆矢《こうし》。1924年5月発表の論考「古事記は偽書か」を発展させたもの。著者は、「伊勢の片山里に住む田舎もの」を自称する。

7 ▶ 中里機庵『幕末開港　綿羊娘情史』 赤爐閣書房、1931⑤

「綿羊娘」と書いてラシャメンと読む。開国開港にともなって、登場した外国人相手の娼婦の俗称。渋沢栄一が序を寄せている。

8 ▶ 西村 貞『南都石仏巡礼』 成光館書店、1933⑧

南都（奈良市）とその周辺にある石仏を鮮明な図版によって紹介。解説も詳細である。著者は美術史家。

9 ▶ 横山健堂編『峰間鹿水伝』 峰間氏還暦祝賀会記念刊行会、1933⑨

こんな本はいかがですか

付録 2

歴史独学者にお勧めする55冊の本

ここでは、皆さんのような「歴史独学者」にお勧めできる本を、55冊、挙げてみました。

ここで挙げた本の中には、一般にはあまり知られていない本、マニアックな本も、たくさん含まれています。世の中には、こういう本もあるのか、こうした研究もあるのかということを感じていただくために、あえて、そうした次第です。

関心をお持ちになった本、気になるという本を、一冊でも二冊でも手に取っていただければ幸いです。なお、発行年のあとのマル数字は、「月」をあらわしています。

1 ▶ 福田芳之助『新羅史』 若林春和堂、1913⑥

新羅史を講ずるかに見せて、日本古代史を論じている。「史論子曰く」という形で、随所に著者の史論が示される。

2 ▶ 関根黙庵『講談落語今昔譚』 雄山閣、1924④

講談、落語の発祥から説き起こし、明治中期の名人の紹介に及ぶ。読んで飽きることのない好編。著者は関東大震災で焼け出され、露宿がたたって病死した。平凡社東洋文庫版（1999）がある。

3 ▶ 大野雲外『古代日本　遺物遺跡の研究』 磯部甲陽堂、1925

ポイント● 血液型学の権威が、なぜ、自分の血液型を偽っていたのか。

参考文献● 古畑種基『血液型を考える』雷鳥社、1972
「血液型考現学・『A型人間』がニッポンを支配する!?」（無署名）『週刊朝日』1971年1月19日号
松田 薫『[血液型と性格] の社会史 改訂第二版』河出書房新社、1994

月
林 逸郎「東京裁判舞台裏の闇闘」『人物往来』1956年４月号
石岡 實「相馬ケ原の渦中から――ジラード事件一捜査官の覚書」『文藝春秋』1957年11月号
林 逸郎「ジラード裁判が教えるもの」『文藝春秋』1958年１月号
山本英政『米兵犯罪と日米密約』明石書店、2015
メ　モ●林逸郎の『天皇機関説撃滅』の発行元は「昭和神聖会」となっている。これは、大本系の社会運動団体で、その統管は、出口王仁三郎《おにさぶろう》（1871～1948）であった。

15 ▦ 古畑種基博士をめぐる謎

★古畑種基《たねもと》博士（1891～1975）は、謎の多い人物である。著名な法医学者であり、血液型学の世界的権威であり、文化勲章まで授与されているが、その死後、多くの冤罪事件に関与していたことが明らかになった。四大冤罪事件（四大死刑冤罪事件）という言葉があるが、驚くなかれ、古畑博士は、そのうちの三つに関与している。検察側が有利になるような鑑定を意図的におこなってきたのか？　個人的に、一番不思議だと感じたのは、博士が自分の血液型を偽っていたことである。かつて古畑博士は、『血液型を考える』という本の中で、「母はAB型で父はO型、子ども三人はみなB型であった」と述べていた。週刊誌の記者に対しても、「私はB型だけど」と述べている。ところが、その死後、門下生の証言によって、博士がAB型であった事実が判明した。

機関車に激突させたことになる。

ポイント●下山事件を謀殺事件と捉える論者は、錫谷学説を学問的に否定するか、もしくは、下山総裁を立った姿勢で機関車に激突させた方法を提示すべきであろう。

参考文献●錫谷 徹『死の法医学』北海道大学図書刊行会、1983
礫川全次『戦後ニッポン犯罪史』批評社、1995
佐藤 一『「下山事件」謀略論の歴史』彩流社、2009

14 ジラード事件（1957）と林逸郎弁護士

★1957年（昭和三二）1月30日、群馬県相馬が原の在日米軍の演習地内で、薬莢《やっきょう》を回収しようとしていた日本人婦人が、ジラード三等特技兵によって射殺された。いわゆる「ジラード事件」である。ここでは、ジラード事件そのものでなく、この事件でジラード被告の弁護人を務めた林逸郎《はやしいつろう》弁護士に注目したい。というのは、この林逸郎（1892〜1965）という人物は、昭和史において、かなり特異な役割を果しているからである。戦前には、五・一五事件（1932）の弁護人を務め、天皇機関説を排撃する本を出し（1935年４月）、大本事件（1935年12月）の弁護人を務めている。戦後の東京裁判では、橋本欣五郎被告の主任弁護人、さらに弁護団のスポークスマンまで務めている。昭和史の最もディープな部分を象徴する人物だったと見てよいだろう。

ポイント●林逸郎の経歴、思想などは、まだ、学問的な研究の対象になっていないと思われる。

参考文献●林 逸郎『天皇機関説撃滅』昭和神聖会、1935年４

聞（中央紙、地方紙）などに当たれば、確認できるはずである。
参考文献●『山形新聞』1945年9月8日記事（『戦争責任論』に引かれている）
大熊信行『戦争責任論』唯人社、1948
メ　モ●首相となった東久邇宮稔彦王について、当時の報道は、「東久邇首相宮」、「首相宮」という呼称を用いている。大熊信行『戦争責任論』も同じ。

13 ▦ 下山事件（1949）は、自殺か他殺か

★下山事件とは、1949年7月、国鉄の下山定則《しもやまさだのり》総裁（1901～1949）が失踪し、その後、轢死体となって発見された事件のことである。この事件では、東大法医学教室主任で、法医学の権威であった古畑種基教授が「死後轢断」という鑑定をおこなった。そのため、この事件は、何者かによる謀殺事件と位置づけられることが多かった。しかし、私（礫川）は、以前から一貫して「自殺説」を唱えてきた。それは、北海道大学の錫谷徹《すずたにとおる》教授（1916～1996）の『死の法医学』を読んでいたからである。錫谷教授は、当該機関車（D51656）の構造、事故による車輛の損傷、被害者の轢断状況などを総合し、下山総裁は立った姿勢で機関車に激突したと断定している。下山総裁は立った姿勢で線路内に入り、機関車の台枠前端梁の右側部分に激突し、その直後に車輪に巻き込まれたとする。死因は「心臓離断」、つまり、それまでは「生きていた」ということである。この事件が、謀殺事件であったとすると、犯人は、何らかの方法によって、下山総裁を「立った姿勢」のまま、

りの研究は多いが、戦中の盆踊りについての研究は、おそらく皆無であろう。戦中における盆踊り禁止・自粛の経緯、その際の法的な手続き、そして、盆踊り復活の経緯、その際の法的な手続きなどは、調べてみる価値がある。

ポイント●戦中の盆踊りの実態は、盆踊り研究の盲点である。

参考文献●「戦時下娯楽と移動演劇」（無署名）『週報』第308号、1942年9月2日

小寺融吉『郷土舞踊と盆踊』桃蹊書房、1941

メ　モ●小寺融吉『郷土舞踊と盆踊』の321ページには、「一体に去年は盆踊の行はれた所は、少なかつたらうと思はれる」とある。ここでいう「去年」とは、1938年（昭和一三）のことである。

12 ▦「一億総懺悔論」のルーツは石原莞爾か

★敗戦直後に首相となった東久邇宮稔彦王《ひがしくにのみやなるひこ》は、1945年（昭和二〇）8月28日、内閣記者団との会見で、「全国民総懺悔をすることがわが国再建の第一歩」と述べた。いわゆる「一億総懺悔論」である。しかし、これは、東久邇首相宮《しゅしょうのみや》のオリジナルでなく、石原莞爾《かんじ》陸軍中将の持説を参考にしたものだとする見方がある。実際、石原中将は、東久邇首相宮に招かれて、8月下旬に山形県鶴岡市から上京している。大熊信行《のぶゆき》（1893〜1977）によれば、石原中将の持説と、東久邇首相宮の談話の内容とが一致しており、これは、当時の『山形新聞』も指摘していることだという。

ポイント●「一億総懺悔論」をめぐる事実関係は、当時の新

系第六巻〕実業之日本社、1941
俵 静夫『ナチス国家の理論』有斐閣、1945年1月
礫川全次『「ナチス憲法」一問一答』同時代社、2017

メ　モ●宮沢俊義は、1933年9月以降、ナチ・ドイツにおける法律の動向を、リアルタイムで、また正確な形で伝えていた。その姿勢は、ナチ党による政治変革を「国民革命」と捉え、半ばこれを是認するものだった。ワイマール憲法を空文化させた諸法令を「新ドイツの憲法」と位置づけ、これまた、半ば是認していた。1938年（昭和一三）の論文「ナチス・ドイツ憲法の生成」は、文字通り（タイトルの通り）、この間に、「ナチス・ドイツ憲法」が生成されたという視点に立って執筆されている。なお、宮沢が「ナチス憲法」という言葉を使用したのは、この1938年論文が最初。ほかの憲法学者に先んじた使用であったと思われる。

11 ▦ 戦時下における盆踊りの復活（1942）

★戦中に発行されていた『週報』という政府広報誌がある（情報局編輯・発行）。その第308号（1942年9月2日）に「戦時下娯楽と移動演劇」という記事が載っている。ここに、「暫く差控へて頂いてゐた盆踊りを、今年のお盆を機会に復活した」という一節がある。「復活した」という以上は、盆踊りは、それまで禁止されていた、ないし、自粛を求められていたことになる。その禁止・自粛が、「いつから」だったかは不明だが、とにかく、1942年（昭和一七）の夏から、盆踊りが復活しているようなのである。盆踊

10 ▦ 戦前戦中の「ナチス憲法」研究

★2013年７月の麻生太郎財務相による「ナチス憲法」発言によって、多くの人々は、初めて「ナチス憲法」という言葉を聞いた（私もそのひとりだった）。周知の通り、ナチ政権は、ワイマール憲法を空文化したが、それに代わる「ナチス憲法」なる憲法典を制定したわけではない。しかし戦前・戦中の日本の憲法学者の中に、ワイマール憲法を空文化した諸法令のことを、あるいは、そうした諸法令によってワイマール憲法が空文化された憲法状況のことを、「ナチス憲法」と呼ぶ者があった。このことは、あまり知られていない。つまり、「ナチス憲法」というのは、麻生太郎財務相の造語ではなく、戦前・戦中に、日本の憲法学界で使われていた専門用語だったのである。最も早い時期に、この「ナチス憲法」という言葉を使ったのは、憲法学者の宮沢俊義（1899～1976）であった。このことは、さらに知られていない。

ポイント● 宮沢俊義をはじめ、戦前・戦中の憲法学者の発言については、批判的な調査・研究がなされるべきであろう。

参考文献● 宮沢俊義「国民革命とドイツ憲法」『国家学会雑誌』第47巻第９号・第10号、1933年９月・10月

同「ニュルンベルク法」『国家学会雑誌』第50巻第10号、1936年10月

同『転回期の政治』中央公論社、1936年12月

同「ナチス・ドイツ憲法の生成」『国家学会雑誌』第52巻第６号、1938年６月

大谷美隆「ナチス憲法の特質」『法律学（二）』〔日本国家科学大

粉川幸男『昭和の蹉跌』西田書店、1995

メ　モ ● 血盟団事件（1932）を起こした血盟団の指導者・井上日召（1886～1967）は、群馬県人。ただし、その活動の拠点は、茨城県大洗《おおあらい》の立正護国堂であった。

9 ▦ 美濃部達吉銃撃事件（1935）の真相

★「天皇機関説」で知られる憲法学者の美濃部達吉博士（1873～1948）は、1936年（昭和一一）２月21日、都下吉祥寺の自宅を訪れた右翼の小田十壮にピストルで銃撃され、右脚を負傷した。各種の記録には、そう書かれている。しかし、美濃部博士を負傷させた弾丸は、小田十壮のピストルから放たれたものではなかった。では、このとき、小田十壮以外の誰が、ピストルを放ったのか。考えられるのは、護衛の警官による誤射である。このとき、美濃部邸には、少なくとも４人の警官が詰めていた。うち１名の警官（29歳）が、あわてて転倒し、その際にピストルのヒキガネを引いてしまった。その弾丸が、たまたま博士の左脚に当たったというのが真相らしい。

ポイント ● 美濃部達吉銃撃事件の真相は、明らかになっていない。「真相」を明らかにできない事件だったということだろう。

参考文献 ● 有松祐夫「護衛に撃たれた美濃部達吉」『人物往来』第48号〔特集・昭和重大事件の真正報告〕、1955年12月

メ　モ ● 小田十壮が私家版で出した『私が抱いた浪人道　終戦前夜のうら話あれこれ』（1982）という本があるという。礫川は未見。

1933年（昭和八）年の２月から３月にかけて、全国26校の私立医専、私立歯科医専、私立薬専のうち、19校の在校生に対して、「学力試験」を実施した。対象の19校は、1932年の調査で「不正入学」があった学校ということになろう。

ポイント●戦前の教育関係事件としては、かなり衝撃的な事件だったはずだが、今日、事件自体が忘れ去られている。十分に、研究の余地がある。

参考文献●『教育思潮研究』第７巻第３輯、1933年８月

メ　モ●この当時、「医術開業試験」（内務省管轄）は廃止されており、大学医学部・医専の卒業生には、無試験で医師の免許が与えられていた。

8 五・一五事件（1932）と茨城県人

★富岡福寿郎『五・一五と血盟団』という本を読むと、その冒頭に、風見章による「序」、および「茨城法曹団弁護士　石川浅」による「序」がある。風見章（1886～1961）は、茨城県水海道出身の政治家である。「茨城法曹団」というのは、五・一五事件の「愛郷塾」関係の被告の弁護に当たった弁護士グループのことであろう。愛郷塾は、橘孝三郎（1893～1974）が、1931年（昭和六）、茨城県常磐《ときわ》村に創立した私塾である。このように、五・一五事件と茨城県人との関わりは強い。

ポイント●五・一五事件と茨城県人の関わりを説明できるキーワードは、おそらく「水戸学」である。

参考文献●富岡福寿郎『五・一五と血盟団』弘文社、1933

☞第11講“峯間信吉と「不穏文書臨時取締法」”の節

6 ▦ 昭和初年の血液型ブーム

★1927年（昭和二）、東京女子高等師範学校の古川竹二教授（1891～1940）が、血液型と気質の間には相関性があるという学説を発表した。この古川学説＝「血液型・気質相関説」は、日本人によるユニークな学説として、学界からも注目された。その後、この学説が、通俗的な形で紹介され、普及したため、一時、「血液型ブーム」とも言うべきものが生じた。しかし、1933年（昭和八）年を境に、学界は、古川学説否定説が主流となった。それにともなって、ブームも沈静化していったという。

ポイント● 当初、高く評価されていた「血液型・気質相関説」が、その後、否定されるに至った理由あるいは背景は、どういうものだったのか。

参考文献● 松田 薫『［血液型と性格］の社会史』河出書房新社、1991

メ　モ● 血液型学で知られる古畑種基博士(1891～1975)は、当初、古川学説を高く評価していたが、のち、否定説に変わった。

7 ▦ 私立医学専門学校の「不正入学」（1932）

★昭和初年、私立の医学専門学校、歯科医学専門学校、薬学専門学校において、「不正入学」が発覚した。文部省は、1932年（昭和七）４月、関係する学校の「入学試験の答案」を調査し、「幾多の不正入学」を取り消した。これにともなって文部省は、

参考文献 ● 遠藤 達『元禄事件批判』元禄事件批判発行所、1942
メ　モ ●『元禄事件批判』は、桑原至道の講演（1932）を記録した『吉良義央』という小冊子に言及しているが、詳細は不明。

5 南北朝正閏論争（1911）とその背景

★天皇家の系統として、南朝と北朝とでは、どちらが正系なのかという論争を「南北朝正閏《せいじゅん》論争」という。明治も終わろうとする1910年（明治四三）の暮、水戸学者の峯間信吉が、この論争に火をつけた。大きな政治問題となったのは、翌1911年（明治四四）に入ってからである。水戸学の立場に立てば、当然、南朝が正系だが、この立場を貫くと、北朝系である明治天皇を否定し、明治天皇を戴いた明治維新そのものを否定することになりかねない。桂太郎首相はじめ、政府中枢の苦悩が続いた。結局、国定教科書調査委員会が南朝を正系としたことで、論争自体は決着した。しかし、この論争の背景や経過については、不透明な部分が多い。また、問題が重大である割に（問題が重大であるがゆえか）、その研究は少ない。

ポイント ● なぜこの時期、南北朝正閏論争が起きたのか。なぜ明治政府は、南朝を正系と判断したのか。その判断は、のちの歴史に影響を与えたのか否か。
参考文献 ● 山崎藤吉・堀江秀雄編『南北朝正閏論纂』鈴木 幸、1911
礫川全次「南北朝正閏問題と水戸学」『福神』第19号〔特集・天皇制〕、2018年5月

ポイント●今日の「聖徳太子」像が定着したのは、明治期あるいは、それ以降であろう。そのことを確認するためにも、江戸期の聖徳太子論争を把握しておく必要がある。

参考文献●福島政雄「太子に関する論議――非難と讃仰」『四天王寺』第274号〔四天王寺復興記念特輯号〕、1963年10月

メ　モ●江戸後期の国学者・平田篤胤《あつたね》（1776〜1843）は、その著書『出定笑語《しゅつじょうしょうご》』で、聖徳太子の十七条憲法は「漢籍《からぶみ》ノ書《かき》抜詞《ぬきことば》ジヤ」と批判している。

4 ▦ 赤穂事件（元禄事件）研究の死角

★赤穂事件というのは、松の廊下事件から討ち入り事件に至るまでの一連の事件を指す（1701〜1703）。元禄事件ともいう。この事件に関しては、これまで、多くの研究が蓄積され、新たな研究の余地などないように見える。しかし、どんな事柄にも「死角」というものがある。この事件に関しては、吉良上野介義央《きらこうずけのすけよしひさ》の側に視点を置いた研究は多くない。赤穂事件研究に「死角」を見出すとすれば、このあたりが狙い目であろう。ひとつ参考になるのは、遠藤達という人が自費出版した『元禄事件批判』である。遠藤達は、討ち入り後、吉良家になされた処分は、不当に重かったと考えながら調査を進めた。旧上州吉良領白石村を訪ね、同村では、明治維新に至るまで「忠臣蔵」の芝居が許されなかったという「口碑」を得ている。そのほかにも、いくつか、興味深い史実が発掘されている。

ポイント●赤穂事件研究には、なお「死角」が存在する。

る部分も多く、研究の余地がある。

参考文献 ● 高麗明津《あきつ》編『高麗郷由来』高麗神社社務所、1931
坂口安吾「高麗神社の祭の笛」『文藝春秋』1951年12月号
角田三郎「国家神道と靖国問題」『歴史と現代』第1巻第2号、1980年11月
加藤謙吉『渡来氏族の謎』祥伝社新書、2017
「視点」（吉原康和執筆）『東京新聞』2018年9月22日朝刊

メ　モ ● 東京新聞「視点」を執筆した吉原康和編集委員は、記事の最後を、次のように結んでいる。「今回の訪問は、朝鮮半島からの渡来人と渡来文化に寄せる陛下の長年の関心の一端に触れる貴重な機会となった」。

3 林羅山による聖徳太子非難

★近年、「聖徳太子虚構説」が提起され、それをめぐって論争が生じたことは記憶に新しい。聖徳太子（574〜622）という人物については、昔からさまざまな議論があった。江戸時代には、太子をどのように評価するかについて、論争があった。江戸初期の儒官・林羅山（1583〜1657）は、「春秋の筆法」を以て、聖徳太子を非難した。すなわち、太子が蘇我馬子《そがのうまこ》（？〜626）の弑逆《しいぎゃく》を看過したのは、太子が崇峻《すしゅん》天皇（在位587〜592）に対し弑逆をおこなったに等しいという論理である。これに対しては、森川安範という学者から、すぐに反論があったという。これは、あくまでも一例で、江戸時代においては、その後もずっと、聖徳太子を非難する立場と讃仰する立場との間で、論争が続いていたのである。

表し物議を醸した。一方、利光《りこう》三津夫「百済亡命政権考」によれば、当時の日本は、百済の善光を「百済亡命政権」の元首に擁立することによって、唐・新羅に対抗しようとしたのだという。こちらは、白村江の敗戦後も、なお日本は、唐・新羅を敵国として意識し続けたという捉え方である。

ポイント●敗戦のあと、日本は、なお独立を保ったのか否か。

参考文献●利光三津夫「百済亡命政権考」『法学研究』〔慶応義塾大学法学研究会〕第35巻第12号、1962年12月

鈴木治『白村江』學生社、1972

メ　モ●鈴木治は、先行する利光論文に言及していない。おそらく、読んでいなかったのであろう。

☞第21講「鈴木治『白村江』のイデオロギー」の節

2 高麗神社の由来と歴史

★2017年９月20日、天皇、皇后両陛下が、埼玉県日高市の高麗《こま》神社を訪問された。歴代天皇で、これが初めてだったという。この時期、両陛下が高麗神社を訪問されたことには、深い意味があったことと拝察される。いずれにしても、このご訪問によって、あらためて高麗神社の存在が注目され、その由来に関心を持つ人も増えたに違いない。高麗神社は、高句麗から渡来した高麗王《こまのこきし》若光《じゃっこう》を祀った神社である。その地は、高麗郷《こまごう》と呼ばれ、霊亀二年（716）に、高句麗から渡来民を集め、武蔵国高麗郡《むさしのくにこまのごおり》が置かれたところという。

ポイント●高麗神社の由来、歴史などについては、謎とされ

こんな研究はいかがですか：そう言われれば私にも……

付録 1

歴史独学者にお勧めする15の研究テーマ

付録の「その１」です。ここでは、皆さんが研究テーマを決めるときの参考に、私が思いついた研究を、15ほど挙げてみました。これは、あくまでも、「こんな研究もありますよ」ということで、挙げたものにすぎません。

しかし、こうしたテーマをご覧になれば、「そう言われてみれば、私にも……」ということで、皆さんご自身の、オリジナルなテーマを発見（再発見）される方もあるのではないでしょうか。それを期待してやみません。

以下、それぞれのテーマについて、概略的な説明のあと、**ポイント**、**参考文献**、**メモ**を記します。本書中に、参照すべき記述がある場合には、☞によって、その箇所を示しました。

1 ▦ 白村江の敗戦（663）とその影響

★白村江の戦《たたかい》とは、日本・百済の連合軍と唐・新羅の連合軍が百済の白村江で戦い、日本・百済の連合軍が敗れた海戦である。「白村江」は地名で、「はくすきのえ」、または「はくそんこう」と読む。この敗戦が、のちの日本に与えた影響は大きいものがあった。鈴木治『白村江』は、その後の日本は、郭務悰《かくむそう》が率いる二千人の政治工作隊によって、唐の支配下に置かれたという説を発

礫川全次（こいしかわ　ぜんじ）

1949年生まれ。1972年、東京教育大学卒業。在野史家。「歴史民俗学研究会」代表。一時、ノンフィクションライターを名乗る。フィールドは、近現代史、犯罪民俗学、宗教社会学。

著書に『史疑 幻の家康論』『戦後ニッポン犯罪史』『大津事件と明治天皇』『サンカ学入門』『攘夷と憂国』『日本保守思想のアポリア』『独学の冒険』『雑学の冒険』（以上、批評社）、『サンカと三角寛』『知られざる福沢諭吉』『アウトローの近代史』『日本人はいつから働きすぎになったのか』（以上、平凡社新書）、『サンカと説教強盗』『異端の民俗学』（以上、河出書房新社）、『「ナチス憲法」一問一答』（同時代社）。

共著に『犯罪の民俗学』『女装の民俗学』『攘夷と皇国』『宗教弾圧と国家の変容』（以上、批評社）。

編著書に歴史民俗学資料叢書（第一期、第二期、第三期・各全五巻、批評社）ほか。

独学《どくがく》で歴史家《れきしか》になる方法《ほうほう》
2018年11月20日　初版発行

著　者　礫川全次
発行者　吉田啓二

発行所　株式会社日本実業出版社　東京都新宿区市谷本村町3-29 〒162-0845
大阪市北区西天満6-8-1 〒530-0047
編集部　☎03-3268-5651
営業部　☎03-3268-5161　振　替　00170-1-25349
https://www.njg.co.jp/

印刷／理想社　製本／共栄社

この本の内容についてのお問合せは、書面かFAX（03-3268-0832）にてお願い致します。

落丁・乱丁本は、送料小社負担にて、お取り替え致します。

ISBN 978-4-534-05647-4　Printed in JAPAN